Anne Steiner

Lernzirkel zur deutschen Aufklärung

Kopiervorlagen für die Sekundarstufe II

Auer Verlag GmbH

Gedruckt auf umweltbewusst gefertigtem, chlorfrei gebleichtem
und alterungsbeständigem Papier.

1. Auflage. 2003
Nach der Neuregelung der deutschen Rechtschreibung
Ausnahmen bilden Texte, bei denen lizenzrechtliche,
linguistische, historische und künstlerische Gründe eine
Änderung ausschließen.

Satz: Fotosatz H. Buck, Kumhausen
Druck und Bindung: Ludwig Auer GmbH, Donauwörth
ISBN 3-403-0**4027**-5

Inhalt

Vorwort

Die Aufklärung stellt eine der interessantesten Epochen der europäischen Geschichte dar, die bis in unsere Gegenwart hineinwirkt. Zahlreiche unserer geistesgeschichtlichen, moralischen und gesellschaftlichen Traditionen nehmen ihren Ursprung in den Vorstellungen, die in den Werken der damaligen Dichter und Philosophen aber auch der Naturwissenschaftler und Theologen gestaltet sind. Heutigen Schüler/-innen fällt es erfahrungsgemäß jedoch oft schwer, die Epoche zu verstehen und klare Vorstellungen von ihren vielfältigen Gedanken, Ideen und Entdeckungen zu entwickeln – der Sprachstil des 18. Jahrhunderts und die Tiefe der philosophischen und gesellschaftskritischen Gedanken erschweren den Zugang. Beschränkt sich der Deutschunterricht zudem auf literarische und philosophische Texte, weil er davon ausgeht, dass z. B. geschichtliche Hintergründe nur im Geschichtsunterricht und musikalische Entwicklungen nur im Musikunterricht behandelt werden sollten, so bleibt den Schüler/-innen ein umfassender Einblick verwehrt und sie werden die große Bedeutung der Epoche und die Veränderungen, die in allen nur erdenklichen Bereichen durch die Aufklärung hervorgerufen wurden, nur schwerlich nachvollziehen können.
Der hier vorliegende Lernzirkel versucht, Einheit und Vielfalt der Epoche der Aufklärung zugänglich zu machen und dabei auf die Bedürfnisse heutiger Jugendlicher Rücksicht zu nehmen:

- Er bezieht eine Vielzahl von (alten und neuen) Medien ein und bietet Texte und Materialien zu verschiedenen Themen aus Philosophie, Geschichte, Literatur, aber auch Religion, Musik und Naturwissenschaften, die beispielhaft die Vielfalt der Epoche verdeutlichen.
- Jede der Stationen enthält grundlegende Texte aus der *Berlinischen Monatsschrift,* einem der Organe, das praktische Aufklärung in allen Bereichen betrieb, um die Einheit der Aufklärung aufzuzeigen. Sie können von den Schüler/-innen selbstständig im Internet aufgerufen werden.
- Die Texte sind meist in originaler Rechtschreibung belassen, um die Entstehungszeit zu dokumentieren, sie sind jedoch in einer heute üblichen Schriftart abgedruckt, um den Schülerinnen und Schülern den ersten Zugang zu erleichtern.
- Unterschiedlichste Arbeits- und Aufgabenformen lassen an jeder Station Einzel-, Partner- und Gruppenarbeit zu und berücksichtigen die verschiedenartigen Lernwege der Schüler/-innen, so dass individuelles Lernen möglich wird.

Der Lernzirkel lädt dazu ein, die Epoche aus verschiedenen Perspektiven zu betrachten. Er möchte die Gelegenheit bieten, sich umfassend mit dem Gedankengut der Aufklärung zu befassen, erlaubt doch erst die intensive Auseinandersetzung mit den Leistungen der Vergangenheit, aber auch mit ihren Irrwegen und Fehlern ein kritisches Verständnis für unsere Gegenwart mit ihren eigenen kulturellen Traditionen und moralischen Werten.

Anne Steiner, September 2003

1. Die Epoche der Aufklärung als Unterrichtsgegenstand

In Anbetracht der historischen, gesellschaftlichen und politischen Entwicklungen des letzten Jahrhunderts sind gegenwärtige kritische Stimmen nachvollziehbar, die das Projekt Aufklärung als gescheitert betrachten. Die Ideen der Aufklärung, der Aufruf zu vernünftigem Gebrauch des eigenen Verstandes und der Ruf nach Fortschritt, scheinen sich spätestens im 20. Jahrhundert überholt zu haben, da dieses Jahrhundert mit seinen Weltkriegen und seinen moralisch und ökologisch äußerst bedenklichen Erfindungen und Entwicklungen deutlich zeigt, dass Rationalismus und in seiner Folge Wissenschaft und Suche nach Erkenntnis auch sehr negative Auswirkungen haben und häufig das individuelle Streben des einzelnen über das Gemeinwohl stellen. Auch andere Postulate der Aufklärung – wie Toleranz, Gleichheit, Freiheit – erscheinen angesichts der zahlreichen Bürger- und Religionskriege, die auch im 21. Jahrhundert noch immer verbissen geführt werden, als unerreichbare, nicht zu verwirklichende Ziele. Die Menschheit ist wohl gegen Aufklärung resistent, ein auf Vernunft gegründetes Zusammenleben ist nicht zu erkennen.
Warum also sollten sich Schüler/-innen mit dem Gedankengut der Aufklärung beschäftigen und aufklärerische Werke rezipieren? Wozu konfrontiert man sie mit Ideen, die nicht zu funktionieren scheinen?
Die Antwort auf diese Fragen gibt die Aufklärung selbst: „Sapere aude! Habe Mut, dich deines eigenen Verstandes zu bedienen!“[1] Und genau dies sollen und können Jugendliche auch heute noch lernen, genau dies ist die Rechtfertigung für die Beschäftigung mit der Epoche der Aufklärung. Es sind nicht allein die grundlegenden Ideen und philosophisch-moralischen Begriffe der Aufklärungszeit, die Schüler/-innen anhand der aufklärerischen Texte kennen lernen sollen, sondern auch und vor allem die grundlegende Methodik der Aufklärer, die darin liegt, durch selbsttätiges Denken und den Gebrauch der eigenen Vernunft das Denken der anderen nachzuvollziehen, eingefahrene Gedankengänge und Vorstellungen aufzubrechen, persönliche und fremde Vorurteile in allen Bereichen durch Offenlegung der Ursachen oder Quellen zu hinterfragen, Irrtümer aufzuzeigen und neue Lösungswege zu finden. Denn nur diejenigen, die es wagen, selbstständig und kritisch zu denken, sind in der Lage, negative Entwicklungen in Frage zu stellen und andere Lösungen zu suchen. Nur diejenigen, die Kenntnis über ihre eigenen kulturellen und geschichtlichen Wurzeln haben, werden in der Lage sein, Fehlentwicklungen als solche zu erkennen und ihnen aktiv etwas entgegenzusetzen. Und vielleicht bewirkt die intensive Beschäftigung und Auseinandersetzung der Schüler/-innen mit der Epoche der Aufklärung auch die Erkenntnis, dass die Aufklärung einen Prozess initiierte, den es sich trotz aller Negativentwicklungen (modifiziert) fortzuführen lohnen könnte, wenn man sich die Haltung der Aufklärung zu Eigen machte, „die nicht nach dogmatisch fixierten Wahrheiten sucht, sondern den verschiedenen, jeweils partikularen Perspektiven ihr Recht und ihre Würde einräumt“.[2] Ermöglicht man es den Schüler/-innen von heute, sich dieser Haltung zu nähern, bringt man ihnen diese „selbstkritische Reflexion, die den eigenen Standpunkt nicht verabsolutiert, sondern um dessen Begrenztheit und Bedingtheit weiß“[3], nahe, indem man sie mit den vielfältigen Texten, die in der Aufklärung zu den unterschiedlichsten Themen entstanden, konfrontiert, kann man sie vielleicht zu zukünftigem mündigem Handeln ermutigen, das nicht, wie in der Vergangenheit leider geschehen, die eigene Erkenntnis als Wahrheit verabsolutiert, sondern – ganz im Sinne der Aufklärung – verschiedene Wahrheiten zulässt und kritisch gegeneinander abwägt.

Einführung

1 Kant: Beantwortung der Frage: Was ist Aufklärung?, in: Berlinische Monatsschrift, Dezember 1784, S. 481. Im Folgenden werden Auszüge aus der Berlinischen Monatsschrift unter der Sigle BM angeführt.
2 Hofmann: Aufklärung. Tendenzen – Autoren – Texte, S. 11.
3 Ebd., S. 11.

2. Die *Berlinische Monatsschrift* als Grundlage eines Lernzirkels zur Epoche der deutschen Aufklärung ab der 10. Jahrgangsstufe

2.1. Die *Berlinische Monatsschrift* als Beispiel aufklärerischen Arbeitens

Um Schüler/-innen zu verdeutlichen, was Aufklärung eigentlich ist, welche teilweise gegenläufigen Tendenzen dieser Epochenbegriff in sich vereint, wie Aufklärer arbeiten und worin ihre Ziele liegen, bietet es sich an, auf eine der in dieser Epoche zahlreich erschienenen Zeitschriften zurückzugreifen, sind doch die Zeitschriften das Organ, mit dem im 18. Jahrhundert Aufklärung betrieben wurde. „Von 1766 bis 1790 haben in Deutschland 2191 Zeitschriften bestanden […] Kaum ein Schreibender […], der nicht mindestens vorübergehend an Zeitschriften mitgearbeitet oder sie herausgegeben hat."[4]
Nach englischem Vorbild werden bereits in der ersten Hälfte des 18. Jahrhunderts etliche Zeitschriften gegründet. V. a. moralische Wochenschriften wie *Der Biedermann* oder *Die vernünftigen Tadlerinnen* spielen eine herausragende Rolle, da sie – selbst Produkt der Aufklärung – durch ihre räsonierende, informierende Form aufklärerisches Gedankengut popularisieren: Populärwissenschaftliche Abhandlungen, moralphilosophische Erörterungen und Untersuchungen, neue literarische Verfahrens- und Vermittlungsweisen wecken die Aufnahmebereitschaft des Publikums für neue Inhalte und Formen, erschließen breite Leserschichten und schaffen so die Voraussetzung für (literarische) Bildung und das Entstehen eines literarischen Marktes.[5]
Die *Berlinische Monatsschrift* (bzw. seit 1797 *Neue Berlinische Monatsschrift*) schließlich, die von 1783–1811 monatlich herausgegeben wird und auf deren gesamten Textkorpus inzwischen im **Internet frei zugegriffen** werden kann,[6] ist als ein Produkt der Spätaufklärung als Textgrundlage für die Erarbeitung der Epoche der Aufklärung im Unterricht besonders geeignet, um die Methodik und die Themen der Aufklärung aufzuzeigen, tut sie doch genau das, was die Aufklärer fordern:
Sie betreibt praktische Aufklärung, indem sie den verschiedenartigsten Themen auf den Grund geht, sie aus verschiedenen Blickwinkeln untersucht und dabei die unterschiedlichsten Meinungen zulässt.[7] Die Leser/-innen sind aufgefordert, die dargelegten Auffassungen zu lesen, zu reflektieren und so ihren eigenen Standpunkt zu finden.[8] Ausgangspunkt und Ziel der Zeitschrift sind „die Wahrheitssuche mit den Mitteln der kritischen Analyse und Auseinandersetzung, die Erörterung möglicher Reformen in praktisch-sozialen Bereichen"[9] und die Diskussion konkreter Fragen aus Wissenschaft und Praxis, wie z. B. der Religion und der Pädagogik. Oder einfacher ausgedrückt: „die Beschäftigung mit allen menschlichen Angelegenheiten, die durch gründliche Erforschung und entschlossene Tatkraft erkannt und verbessert werden können."[10]

---

4 Vierhaus: Der aufgeklärte Schriftsteller, in: Bödeker u. a. (Hg.): Über den Prozess der Aufklärung in Deutschland im 18. Jahrhundert, S. 57.

5 Nach Bark u. a. (Hg.): Epochen der deutschen Literatur, S. 64, und Hofmann, S. 51 ff. Hofmann weist auf S. 53 jedoch zu Recht darauf hin, dass die „aufklärerischen Bestrebungen nur eine Minderheit erreichten", da am Ende des 18. Jahrhunderts erst die Hälfte der Bevölkerung in Deutschland des Lesens kundig war.

6 Unter der Adresse: http://www.ub.uni-bielefeld.de/diglib/Berlinische Monatsschrift/.

7 Ablesen lässt sich dies beispielsweise an der lang anhaltenden, in zahlreichen Beiträgen sich äußernden Diskussion um die Frage, ob Ehen zivil oder kirchlich geschlossen werden sollten, in der sich von 1783–1784 etliche Autoren mit kontroversen Meinungen zu Wort melden.

8 Vgl. hierzu die Vorrede der Herausgeber der *Berlinischen Monatsschrift:* „Wenn Eifer für die Wahrheit, Liebe zur Verbreitung nützlicher Aufklärung und zur Verbannung verderblicher Irrtümer und Überzeugung, einer nicht verdienstlosen Unternehmung, wenn diese drei Eigenschaften eines Verfassers oder Herausgebers seinem Werke einen Werth geben könnten, […] so müsste unsere Schrift keine der schlechtesten sein. […] Unser Plan ist die höchste Mannichfaltigkeit, in so weit diese mit angenehmer Belehrung, und nützlicher Unterhaltung bestehen kann.", BM, Januar 1783, S. 1–2.

9 Pütz: Die deutsche Aufklärung, S. 27.

10 Ebd., S. 27.

Darüber hinaus publizieren in der *Berlinischen Monatsschrift* die wichtigsten Vertreter der deutschen Aufklärung, so beispielsweise *Immanuel Kant* und *Gotthold Ephraim Lessing,* und die Gründer und ersten Herausgeber *Friedrich Gedike* und *Johann Erich Biester* gehören, ebenso wie der spätere Herausgeber *Friedrich Nicolai,* der Berliner „Gesellschaft von Freunden der Aufklärung", der so genannten „Mittwochsgesellschaft" an,[11] so dass die Zeitschrift zu Recht als eines der führenden Diskussionsorgane der deutschen Aufklärung bezeichnet werden kann, an dem sich auch heute noch ihre Geschichte ablesen und nachvollziehen lässt. Ganz abgesehen davon finden sich in ihr die wichtigen philosophischen Beiträge, die den Begriff und die Epoche der Aufklärung grundlegend definieren, so beispielsweise die berühmten Aufsätze Kants und Mendelssohns.[12]
Die *Berlinische Monatsschrift* spiegelt die Epoche der Aufklärung wieder, sie gibt Zeugnis vom Wirken bedeutender Aufklärer und erlaubt einen tiefen Einblick in den aufklärerischen Prozess – eine eingehende Beschäftigung und Auseinandersetzung mit den in ihr enthaltenen Texten kann Schüler/-innen erfahren und erkennen lassen, was Aufklärung in historischer, geistesgeschichtlicher und methodischer Sicht eigentlich bedeutet.

2.2 Der Lernzirkel als Unterrichtsmethode

Die Epoche der Aufklärung als Unterrichtsgegenstand fordert geradezu dazu heraus, traditionelle Unterrichtsmuster zu verlassen und – ganz im Sinne des kantschen Wahlspruches – die Schüler/-innen anzuleiten, ihre im Unterricht häufig vorherrschende Konsumhaltung aufzugeben, sich ihres eigenen Verstandes zu bedienen und sich selbstständig und individuell eine Vorstellung von dieser Zeit und der vielfältigen in ihr thematisierten Fragen und Problemstellungen zu machen. Der Lernzirkel bietet sich hierfür als Unterrichtsmethode an, wenn an den einzelnen Stationen vielfältiges Material und unterschiedliche, den verschiedenartigen Lerneingangskanälen und Zugängen Rechnung tragende Aufgabenformen bereitgestellt werden, da auf diese Weise viele der für eine 10. oder 11. Jahrgangsstufe in den Bereichen Arbeitstechniken/Methoden, schriftlicher Sprachgebrauch/Schreiben, Literatur, Sachtexte und Medien und Film und Fernsehen geforderten Lernziele angebahnt werden können. Darüber hinaus erlaubt der Lernzirkel fächerübergreifende Fragestellungen, weil Stationen integrierbar sind, die sich beispielsweise mit einigen der geschichtlichen, naturwissenschaftlichen, kunsthistorischen, musischen, ethischen oder auch religiösen Problemstellungen beschäftigen, die in den jeweiligen anderen Fachlehrplänen für die späte Mittel- und Oberstufe genannt werden. So erhalten die Schüler/-innen einen umfassenden Einblick in die thematische Vielfalt der Epoche, setzen selbstständig individuelle Schwerpunkte und werden von einem rein literarischen „Schubladendenken" abgehalten, das herkömmlicher Fachunterricht häufig provoziert. Sie können eigene inhaltliche Schwerpunkte setzen, gemäß ihren Neigungen arbeiten und die für sie beste und der jeweiligen Aufgabe angemessenste Lernform wählen – soziales, inhaltliches und methodisches Lernen werden so gefördert,[13] Schlüsselqualifikationen wie Teamfähigkeit, problemlösendes Denken, Kreativität und Selbstständigkeit können durch praktische Anwendung im Lernzirkel erworben und ausgebaut werden. Die Schüler/-innen erarbeiten sich so die Epoche der Aufklärung nach der Methode der Aufklärer.

11 Dieser seit 1783 bestehende Kreis von bis zu 24 Mitgliedern trifft sich ein- bis zweimal monatlich in der Privatwohnung eines der Mitglieder, um philosophische, pädagogische, juristische, politische und literarische Themen zu diskutieren. Derjenige, bei dem das Treffen stattfindet, liest eine Abhandlung vor, dann äußert jedes Mitglied seine Meinung dazu, anschließend zirkuliert die schriftliche Fassung des Vortrags unter den Mitgliedern, um zu schriftlicher Stellungnahme Gelegenheit zu geben, wobei auf äußerste Geheimhaltung geachtet wird. Das Ziel der Gesellschaft liegt in praktizierter Aufklärung durch gegenseitigen Gedankenaustausch. Vgl. hierzu die Einleitung in Hinske (Hg.): Was ist Aufklärung? Beiträge aus der Berlinischen Monatsschrift, S. XX ff.

12 S. BM, Dezember 1784, S. 481 ff., und BM, September 1784, S. 193 ff.

13 Nach Peterßen, Stichwort „Stationenlernen", S. 271, und Bauer, S. 59 f.

2.3 Aufbau und Ziele des Lernzirkels zur Aufklärung

Der im Folgenden vorgestellte Lernzirkel bietet Stationen zu verschiedenen Themenbereichen der Aufklärung an, teilweise unter Berücksichtigung fächerübergreifender Fragestellungen.

2.3.1 Didaktische und methodische Vorüberlegungen zur Textauswahl, den Lernzielen und Aufgabenformen

Die einzelnen Stationen des Lernzirkels enthalten neben anderen Texten und Materialien jeweils mindestens einen Textbeitrag aus der *Berlinischen Monatsschrift,* um zwar die Vielfalt der Epoche anschaulich werden zu lassen, gleichzeitig aber mit diesem Diskussionsorgan einen thematischen Rahmen zu bieten, der den Schüler/-innen exemplarisch Einsicht in die Vielfalt der behandelten Themen und gleichzeitig in die Vielfalt der von der Aufklärungsbewegung eingesetzten Textsorten vermittelt, ihnen verdeutlicht, dass Literatur innerhalb eines bestimmten gesellschaftlichen Bedingungsgefüges entsteht, und sie erkennen lässt, dass die **Zeitschriften im 18. Jahrhundert das „Kampfinstrument"** der von der Aufklärung geforderten **freien Presse** darstellen und dazu dienen, gesellschaftliche Missstände aufzudecken und zu beseitigen.
Einige der Textbeiträge aus der *Berlinischen Monatsschrift* werden in mehreren thematischen Stationen eingesetzt, weil die Schüler/-innen so lernen, Texte aus verschiedenen Blickwinkeln und unter unterschiedlichen Fragestellungen zu betrachten, was die eigene Analyse- und Interpretationsfähigkeit schult und gleichzeitig die Vorgehens- und Arbeitsweise der Aufklärung nachempfinden und ihre Methoden ausprobieren lässt: Themen werden von verschiedenen Seiten aus (auch fächerübergreifend) beleuchtet, analysiert, und breit diskutiert.
Die angebotenen Themen und Fragestellungen ermöglichen es den Schüler/-innen, sich mit der Epoche der Aufklärung und deren politischen, gesellschaftlichen und historischen Bedingungen vertraut zu machen. Sie lernen ausgewählte Dichterbiographien kennen, vollziehen philosophische Grundideen und Grundzüge bedeutender Literaturtheorien gedanklich nach, beschäftigen sich intensiv mit poetischen Texten der Aufklärung, aber auch Sachtexten aus der Epoche und setzen sich argumentativ mit inhaltlich anspruchsvoller Prosa auseinander. Dabei erweitern sie ihr methodisches Wissen aus den Vorjahren zur Erschließung, Analyse und Interpretation unterschiedlichster Texte und ihre Fähigkeiten im Bereich der Methodik, da sie im Hinblick auf unterschiedliche Aufgabenstellungen gezielt Texte, Sachinformationen und Materialien finden und auswerten und ihre Ergebnisse sachgerecht präsentieren müssen. Gerade in Anbetracht eines so wichtigen Lernziels wie der Fähigkeit der selbstständigen schriftlichen Auseinandersetzung mit umfassenderen Themen, das z. B. durch das Verfassen eines Hausaufsatzes vorbereitet und durch die Anfertigung der Fach- oder Seminararbeit in der Kollegstufe ausgebaut wird, ist es von Bedeutung, dass sich die Schüler/-innen einen zunehmend selbstständigeren Umgang mit anspruchsvollen Werken aneignen. Daneben finden auch die Inhalte anderer Fächer Eingang, darunter z. B. aus dem Fach Geschichte die Themenbereiche des Absolutismus, der Aufklärung und des Zeitalters der Revolutionen, aus dem Fach Kunst, in dem kunstgeschichtliche Längsschnitte durch vergleichende Werkbetrachtungen, aber auch die Untersuchung von Medien und Öffentlichkeit gefordert sind, aus dem Fach Musik, in dem eine Beschäftigung mit Harmonielehre vorgesehen ist, dem Fach Physik, in dem das Gebiet der Optik behandelt wird, und den Fächern Katholische Religionslehre, Evangelische Religionslehre und Ethik, in denen die Sicht auf den Menschen und die Welt in Kunst, Literatur und Philosophie, den christlichen Glauben in der Neuzeit, das Programm der Aufklärung in Grundzügen und philosophisch-ethische und literarische Deutungen des Menschen thematisiert werden. Neben diesen eher „zeitlosen" Inhalten berücksichtigt der Lernzirkel auch die Lebenswelt der Jugendlichen und stellt einen Gegenwartsbezug her, beispielsweise indem die Schüler/-innen bei einigen Themengebieten aufgefordert sind, aktuelle Geschehnisse einzubeziehen und Zusammenhänge zwischen der Geisteswelt der Aufklärung und der des 21. Jahrhunderts aufzuzeigen.

Die ausgelegten Materialien und gestellten Aufgabenformen befolgen die Prinzipien der Differenzierung: Sechs Stationen sind als Fundamentum konzipiert, das obligatorisch zu bearbeiten ist, drei Stationen stellen als Additum zusätzliche Arbeitsaufträge für die leistungsstärkeren bzw. an bestimmten Themen und Aufgabenformen stärker interessierten Schüler/-innen bereit. Auch an den einzelnen Stationen müssen die Schüler/-innen einige der Aufgaben obligatorisch erledigen, können aber aus zusätzlichen fakultativen Aufgaben auswählen[14] und dabei stets selbst entscheiden, in welcher Sozialform sie lernen und welche der zur Verfügung gestellten Sekundärliteratur, Nachschlagewerke, Lexika, Schulbücher und sonstigen Materialien und Medien sie in Anspruch nehmen möchten, was dem individuellen Lerntempo und den kognitiven Interessen und affektiven Vorlieben der Schüler/-innen Rechnung trägt und sie einige der von der Aufklärung geforderten Postulate, wie Individualität, persönliche Freiheit, selbsttätiger Vernunftgebrauch, praktisch anwenden und nachempfinden lässt. Um dabei auch ihre unterschiedlichen Lerneingangskanäle zu erreichen, werden **neben geschriebenen Textmaterialien auch audio-visuelle Medien angeboten,** die die Schüler/-innen zur Bearbeitung heranziehen können. Die Reihenfolge der Bearbeitung ist nicht vorgeschrieben, die Schüler/-innen können mit dem beginnen, was sie zunächst am stärksten anspricht. Dass sie so erst „im Laufe der Bearbeitung ein Gefühl für den Inhalt entwickeln können bzw. sollten",[15] fördert die entdeckende Auseinandersetzung mit dem Lerngegenstand und stellt keinen Nachteil dar. Die Aufgabenstellungen schließlich bahnen sowohl kognitive Lernziele an, wie Einsicht in die Epoche der Aufklärung, als auch affektive, wie Freude an der Erprobung unterschiedlicher Darstellungsweisen, und motorische, wie Fähigkeit zur Schaffung von Standbildern, und erfordern unterschiedliche Bearbeitungsformen, um Lernprozesse anzuregen und Lernfortschritte zu ermöglichen, da nach Bruner Lernen nur dann gelingen kann, wenn in jeder der drei Repräsentationsebenen ein Verständnis für die behandelte Thematik entwickelt wird.[16] So können die Schüler/-innen manches handelnd erarbeiten, manchmal sind sie aber auch gefordert, sich etwas zeichnerisch oder bildlich anzueignen bzw. ikonisch auszudrücken, häufig müssen sie ihre Ergebnisse symbolisch darstellen.

2.3.2 Station VII (Zeitschriften) als exemplarische Darstellung für alle Stationen

Station VII des Lernzirkels stellt eine obligatorisch zu absolvierende Station dar, für deren Bearbeitung jeweils ungefähr zwei bis drei Schulstunden zur Verfügung stehen sollten. Sie thematisiert die „Zeitschriften in der Auflärung" und beschäftigt sich mit der Entstehung der *Berlinischen Monatsschrift,* deren Inhalt, den Herausgebern und der historischen Entwicklung des Pressemarktes. Sie wird im Folgenden exemplarisch vorgestellt, da an ihr die dem Lernzirkel zugrunde liegende Thematik und die in ihm enthaltene Vorgehensweise deutlich veranschaulicht werden können.
Die Schüler/-innen finden an der Station ein Aufgabenblatt vor, dem die obligatorischen und fakultativen Arbeitsaufträge zu entnehmen sind. Die Pflichtaufgaben sollen sicherstellen, dass alle Schüler/-innen einen Einblick in das Pressewesen zur Zeit der Aufklärung erhalten und sich mit den Zielsetzungen veröffentlichter Meinungen auseinander setzen, die fakultativen Aufgaben ermöglichen es leistungsstarken oder an diesem Bereich stark interessierten Schüler/-innen, die Beschäftigung mit dem Thema zu vertiefen und durch eine Änderung des Blickwinkels zu erweitern. Die Aufgabenstellungen sind so klar formuliert, dass Erklärungen von Seiten der Lehrperson dazu unnötig sind und die Schüler/-innen sofort selbstständig mit der Bearbeitung beginnen können; sie sind gleichzeitig so offen gefasst, dass die Schüler/-innen die Arbeits- und Sozialform frei wählen können. Die offene Unterrichtsform erlaubt es ihnen, bei möglichen Problemen, beispielsweise der Wahl der geeigneten Materialien, oder auftretenden Verständnisschwierigkeiten entweder die Lehrperson um Hilfe zu bitten oder sich gegenseitig zu unterstützen, indem sie gemeinsam nach passenden Lö-

14 Obligatorische und fakultative Aufgaben unterscheiden sich dabei nicht grundsätzlich. Der Lernzirkel achtet darauf, dass die Schüler/-innen nicht nur „trockene" Textanalyseaufgaben als Pflichtaufgaben vorfinden und alle „schönen", also kreativen und spielerischen Aufaben nur fakultativ sind, sondern mischt in beiden Aufgabenblöcken eher „trockene" und kreative Aufgabenstellungen.
15 Bauer, S. 104.
16 Eine kompakte Darstellung der Theorie Bruners findet sich in Edelmann: Lernpsychologie, S. 194 ff.

sungswegen suchen, so dass sie Problemlösungsstrategien erlernen und erproben und ihre soziale Kompetenz erweitern.

I. (Obligatorische) Aufgabe a)

Die Schüler/-innen sammeln einzeln, mit einem Partner oder in einer Gruppe Informationen über den deutschen Buch- und Zeitschriftenmarkt im 18. Jahrhundert, indem sie den zur Verfügung gestellten Literaturgeschichten[17] Angaben zur damaligen Leserschaft, zu den Buchtiteln und den Zeitschriften entnehmen und sich die wichtigsten Fakten und Zahlen notieren. Sie erarbeiten sich so einen ersten Überblick über die historische Situation des Pressemarktes und können die Unterschiede zur gegenwärtigen Situation erkennen, so dass sie ihr Wissen um historische Zusammenhänge erweitern. Sie erfahren, dass – anders als heutzutage – **nur ein Viertel der deutschen Gesamtbevölkerung von 25 Millionen alphabetisiert ist** und die **Zahl derjenigen, die Zugang zu Literatur haben, noch weitaus geringer ist und auf ungefähr 1 % geschätzt wird.** Sie finden heraus, dass die wichtigsten Zeitschriften, die gelesen werden, die Moralischen Wochenschriften sind, die das Gedankengut der Aufklärung popularisieren, dabei jedoch, ebenso wie die meisten literarischen Bücher, nur eine geringe Auflagenhöhe von meist nicht mehr als 2000 Exemplaren erreichen, während große Verbreitung und hohe Auflagenzahlen im 18. Jahrhundert nur populär geschriebene Ratgeber für die Bevölkerung erzielen.[18]
Um Aufgabe a) bewältigen zu können, müssen die Schüler/-innen lernen, mit Nachschlagewerken und anderer Sekundärliteratur sinnvoll umzugehen, damit sie wirklich hilfreiche Ausführungen finden, sich rasch informieren und nur notwendige Angaben exzerpieren. Die Aufgabe zielt somit **neben reiner Wissenserweiterung auf eine Schulung und Steigerung der Fähigkeiten im Bereich der Arbeitstechniken und Methoden** ab, da diese eine grundlegende Qualifikation auch für andere Schulfächer und zukünftige Arbeitssituationen darstellen. Lernschwierigkeiten sind nur dann zu erwarten, wenn Schüler/-innen nicht in der Lage sind, das 18. Jahrhundert dem Stichwort „Aufklärung“ zuzuordnen oder nicht entscheiden können, welche der Informationen sie sich notieren wollen. Hier kann jedoch der Austausch mit anderen Schüler/-innen oder mit der Lehrkraft Abhilfe schaffen.

II. (Obligatorische) Aufgabe b)

Bei dieser Aufgabenstellung setzen sich die Schüler/-innen mit den Zielsetzungen der Zeitschriften des 18. Jahrhunderts auseinander und untersuchen, zu welchem Zweck und für wen die Monatsschriften und Wochenblätter verfasst und herausgegeben werden. Sie vertiefen damit das in *Aufgabe a)* erworbene Wissen und schulen ihre Fähigkeit, vorgegebene Informationen zu deuten, weil sie nicht nur auf die Hinweise der Sekundärliteratur zurückgreifen können, sondern Zeitschriftentitel wie *Der Biedermann* oder *Die vernünftigen Tadlerinnen* deuten müssen, da diese Rückschlüsse auf die wohlhabende bürgerliche Zielgruppe erlauben, die aufgeklärt und literarisch gebildet werden soll.
Auch die Bewältigung dieser Aufgabe fördert die Fähigkeiten und Fertigkeiten der Schüler/-innen im Bereich der Arbeitstechniken und vergrößert ihre sozialgeschichtlichen Kenntnisse. Schwierigkeiten können sowohl der an dieser Stelle verlangte Transfer von Zeitschriftentiteln zu deren Zielen, als auch wortgeschichtliche Entwicklungen bereiten, da sich beispielsweise die Bedeutung von Ausdrücken wie „vernünftig“ oder „Biedermann“ seit dem 18. Jahrhundert verändert hat, was für die Schüler/-innen nicht auf den ersten Blick erkennbar ist. Es ist daher notwendig, auch etymologische und historische Wörterbücher anzubieten, anhand derer sich die Lernenden adäquat informieren können.[19]

---

17 Die Schüler/-innen können sich beispielsweise informieren in: Beutin u. a.: Deutsche Literaturgeschichte. Von den Anfängen bis zur Gegenwart, S. 122 ff., informieren. Eine Liste mit allen während des Lernzirkels zusätzlich ausliegenden Materialien und Büchern (einschließlich deren Quellen- und Literaturangaben) findet sich im Anhang.
18 Nach Beutin, S. 124.
19 Z. B. Kluge: Etymologisches Wörterbuch der deutschen Sprache, Adelung: Grammatisch-kritisches Wörterbuch oder das Grimmsche Wörterbuch.

III. (Obligatorische) Aufgabe c)

Auch Aufgabe c) dient der Vertiefung und Erweiterung erworbenen Geschichtswissens und arbeitstechnischer Fertigkeiten. Die Schüler/-innen suchen selbstständig geeignete Informationsmaterialien, also Schulbücher, Geschichtsfilme oder Sekundärliteratur, um herauszufinden, welche technischen Neuerungen den Pressemarkt des 18. Jahrhunderts verändern und welche gesellschaftlichen Umwälzungen die Zahl der Leser/-innen steigert. Sie sammeln Informationen über den technischen Fortschritt im 18. Jahrhundert, der sich unter anderem in der Konstruktion industrieller Anlagen zeigt, die **erstmals die Massenproduktion von Gebrauchsgütern** zulassen, aber auch über gesellschaftliche Veränderungen, wie beispielsweise die Einführung einer allgemeinen Schulpflicht in den 90er-Jahren des Jahrhunderts. Nun sind die Lernenden aufgefordert, diese zunächst unverbundenen Einzelinformationen zueinander in Beziehung zu setzen und beide als mögliche Ursachen für das Anwachsen des publizistischen Marktes zu deuten. Sie erkennen so den historischen Bedingungszusammenhang von literarischem Markt und gesellschaftlichen Strömungen, von aufklärerischem Denken und sozialem, wirtschaftlichem und wissenschaftlichem Fortschritt und vernetzen dadurch ihre aus so verschiedenen Bereichen wie Geschichte und Naturwissenschaften stammenden Kenntnisse zu einem Gesamtbild.
Schwierigkeiten, die hierbei auftreten können, liegen in der Wahl der geeigneten Sekundärliteratur und anderer Materialien, da die Fragestellung sich nicht auf die Literatur beschränkt, sondern auch naturwissenschaftliche oder historische Quellen einbezieht, die die Schüler/-innen möglicherweise nicht sofort entdecken. Darüber hinaus verlangt die eigenständige Verknüpfung und Interpretation unterschiedlichster Daten die Fähigkeit zu Abstraktion, die nicht bei allen Schüler/-innen in gleicher Weise ausgebildet und geschult ist, so dass manche gerade bei dieser Aufgabe auf den Austausch mit anderen und deren helfende Unterstützung angewiesen sind, wenngleich nicht vergessen werden darf, dass die Beschäftigung mit technischen Entwicklungen für etliche Schüler/-innen interessanter und motivierender ist als die Auseinandersetzung mit Literatur und literarischem Markt.

IV. (Obligatorische) Aufgabe d)

Der erste Schritt zur Erledigung dieser Aufgabe liegt darin, den Text der „Vorrede der Herausgeber" der *Berlinischen Monatsschrift,*[20] der nicht als Arbeitsblatt vorliegt, selbstverantwortlich zu finden. Allein die Angabe „Material/Textgrundlage: Internet", die sich auf dem Aufgabenblatt findet, gibt einen Hinweis auf die mögliche Quelle und regt so problemlösendes Denken an. Am Computer eignen sich die Schüler/-innen den geschickten und sinnvollen Umgang mit Suchmaschinen im Internet an, da sie nur durch Eingabe eines geeigneten Suchbegriffes auf die Seite gelangen, die den Textcorpus der *Berlinischen Monatsschrift* enthält, und automatisieren ihre Fertigkeiten im Umgang mit PC-Hard- und Software, indem sie sich die Vorrede ausdrucken. Der zweite Arbeitsschritt beinhaltet die Analyse von Inhalt, Aufbau und Sprache des historischen Sachtextes anhand von Leitfragen. Die Vorrede ist relativ kurz gefasst und leicht verständlich geschrieben, sie eignet sie daher recht gut, die Vorgehensweise bei der Textanalyse wiederholend zu erproben, die die Schüler/-innen bereits in der 10. Jahrgangsstufe kennen gelernt haben. Die Vorgabe, ihre Antworten in eigenen Worten zu formulieren, zwingt die Schüler/-innen, die Aussagen des Textes bewusst aufzunehmen und zu durchdringen und stellt sicher, dass sie die Vorrede auch tatsächlich verstanden haben. Sie erkennen, dass die Herausgeber der *Berlinischen Monatsschrift* zunächst die Veröffentlichung einer weiteren Zeitschrift recht weitschweifig, aber stilistisch und rhetorisch ausgefeilt rechtfertigen, dann die Leser/-innen zur Mitarbeit auffordern, damit die vielfältigen Themengebiete, über die sie informieren wollen, abgedeckt werden können, und schließlich auf den Umfang und den ohne Aufpreis zusätzlichen Service der Bebilderung mancher Ausgaben der *Monatsschrift,* deren Aufmachung sich dadurch von anderen Zeitschriften unterscheidet, aufmerksam machen, um ihre Schrift potenziellen Käufer/-innen zu empfehlen. Darüber hinaus erfahren die Schüler/-innen, dass Gedike und

20 BM, Januar 1783, S. 1 f.

Biester Volksaufklärung in allen nur erdenklichen Bereichen, wie z. B. Wissenschaft, Volkskunde, Anthropologie, Literatur, Philosophie,[21] für eine an der Aufklärung interessierte und deren Wert ebenso hoch einschätzende Leserschaft betreiben wollen, da sie selbst von den Zielen der Aufklärung überzeugt sind und es als lohnenswert erachten, durch Begriffsklärung und Informationsvermittlung Anstoß zu Teilnahme an breiter Diskussion zu geben, in deren Verlauf Wahrheit vermittelt und Vorurteile abgebaut werden.[22] Die Kombination von „angenehmer Belehrung und nützlicher Unterhaltung“[23] setzt sich in den Augen der Herausgeber deutlich von anderen „mittelmäßigen und schlechten periodischen Schriften“ ab, mit denen das „Vaterland [...] überschwemmt und heimgesucht wird“,[24] und soll die Leser/-innen zu mündigen, kritischen Menschen erziehen.
Lernschwierigkeiten, die sich bei dieser Aufgabe einstellen können, liegen weniger in der noch nicht gefestigten Fertigkeit im Umgang mit PC oder Drucker, da die meisten Jugendlichen heutzutage in ihrer Freizeit diese Geräte häufig benutzen, als vielmehr im Auffinden und Wählen nützlicher Quellen im Internet. Nur mit Hilfe geeigneter Suchmaschinen können diese gefunden werden, nur mit der Fähigkeit, die von der Suchmaschine zusammengestellte Liste der Internetseiten, die den gesuchten Begriff enthalten, rasch zu überblicken und mit einer schnellen Entscheidung die nützlichste Quelle aufzurufen, kann der erforderliche Ausschnitt aus der *Berlinischen Monatsschrift* zur weiteren Bearbeitung ausgedruckt werden – eine Fähigkeit, die die Schüler/-innen erst im Lauf der Zeit und allein durch wiederholtes Ausprobieren und Üben ausbilden. Darüber hinaus wird das ungewohnte Schriftbild Leseschwierigkeiten und damit vielleicht Ablehnung und Lernwiderstand hervorrufen, allerdings ist die Vorrede so kurz, dass die Widerstände im Rahmen gehalten werden können, weil die Schüler/-innen den Text durch gemeinsames „Entziffern“ dennoch relativ zügig erfassen können und auf diese Weise einen ersten anschaulichen Eindruck davon erhalten, wie Zeitschriften damals aussahen.

V. (Obligatorische) Aufgabe e)

Im Anschluss an die Analyse der Vorrede untersuchen die Schüler/-innen das Inhaltsverzeichnis eines beliebigen Jahrgangs der *Berlinischen Monatsschrift* und erstellen ein Schaubild zu Anzahl und Art der Artikel, den behandelten Themen und den beteiligten Autoren. Sie sind wiederum aufgefordert, die vorher gefundene Internetquelle zu Rate zu ziehen, um Einblick in eines der Inhaltsverzeichnisse nehmen zu können, üben also erneut den Umgang mit der PC-Hard- und Software. Haben sie sich für eines der Verzeichnisse entschieden, so müssen sie diesem die gefragten Sachinformationen entnehmen und graphisch in einem Schaubild umsetzen, sie müssen also bereit sein, sachliche Fakten in ikonischer bzw. symbolischer Form darzustellen, und bilden auf diese Weise die Fähigkeit aus, nach kreativen, wirksamen Darstellungsformen zu suchen. Gleichzeitig stellt diese Aufgabenform sicher, dass die Schüler/-innen erworbenes Faktenwissen umwälzen und in der Lage sind, einen Transfer zu ziehen, indem sie geschriebene Informationen in eine andere symbolische Darstellungsart umformen. Da zudem nicht alle Schüler/-innen dasselbe Inhaltsverzeichnis wählen werden, entstehen etliche verschiedene Graphiken, die verdeutlichen, dass sich die zahlreichen Autoren der *Berlinischen Monatsschrift* mit vielen unterschiedlichen Themengebieten beschäftigen und die Zeitschrift zumindest dem äußeren Anschein nach ihrem eigenen Anspruch gerecht wird, vielseitig Aufklärung zu betreiben.
Nachdem bereits die vorhergehende Aufgabe die erforderliche Internetadresse herausfinden lässt, ist die Quellensuche an dieser Stelle unproblematisch. Schwieriger wird sich aber die graphische Darstellung gestalten, da die Schüler/-innen unterschiedliche Informationen in einen Zusammenhang bringen und verarbeiten müssen. Motivierend kann hier wirken, wenn sie die Möglichkeit bekommen, ihr Schaubild am PC zu erstellen.

21 Vgl. ebd., S. 2.
22 Vgl. ebd., S. 1.
23 Ebd., S. 1.
24 Ebd., S. 1.

VI. (Obligatorische) Aufgabe f)

Nun folgt eine weitere Umwälzung der an dieser Station bisher erworbenen Kenntnisse über die Zeitschriften der Aufklärung. Die Schüler/-innen wenden vorhandenes Wissen an, um zu bewerten, ob die *Berlinische Monatsschrift* ihrem eigenen Anspruch, Diskussionsorgan zu sein, gerecht wird. Das eigene Schaubild, aber auch die Graphiken der anderen Schüler/-innen zeigen ihnen anschaulich, dass in dieser Zeitschrift tatsächlich zu verschiedenen Themen kontrovers Stellung bezogen wird, und ermöglichen ihnen Aussagen zu der gestellten Frage. So lernen sie, sowohl fremde Informationsquellen als auch eigene Exzerpte und Darstellungen als Argumentationsgrundlage zu gebrauchen und historische Sachverhalte adäquat zu bewerten. Die schriftliche oder mündliche Entscheidungsfindung, aber auch die Diskussion der gestellten Frage mit einem Partner oder in der Gruppe – alle Arbeits- und Sozialformen sind ja für die Erledigung der Aufgabe möglich und erlaubt – fördert darüber hinaus ihre Urteilskraft und ihr schriftliches oder mündliches Ausdrucksvermögen. Schwierig ist die Diskussion dieser Frage nur für diejenigen, die bei den vorhergehenden Aufgaben nicht gründlich genug gearbeitet haben, so dass ihnen die erforderlichen Sachinformationen noch fehlen. Sie erfahren dadurch aber, wie wichtig umfassendes Einarbeiten in eine Thematik ist, um sich überzeugenden Aussagen leisten zu können, so dass sie durch die hier gestellte Frage korrigiert werden.

VII. (Obligatorische) Aufgabe g)

Diese Aufgabe verbindet das bisherige im Unterricht erworbene Wissen über die Aufklärung mit der Lebenswelt der Schüler/-innen und stellt einen Bezug zwischen Vergangenheit und Gegenwart her. Die Lernenden erstellen aus aktuellen Presseveröffentlichungen eine eigene Zeitschrift zu einem sie interessierenden Thema, das gerade Gegenstand öffentlicher Meinungsäußerungen ist, wie beispielsweise die Gentechnik, und geben den gegenwärtigen Stand der Diskussion wieder, indem sie unterschiedliche Aussagen gegenüberstellen. Dafür sichten sie die aktuelle Presse, bewerten die in ihr enthaltenen Artikel und wählen kontroverse Äußerungen aus, um handelnd eine eigene Zeitschrift zu erstellen, die dadurch, dass sie verschiedene Standpunkte enthält, Aufklärung betreibt, weil sie es dem Leser ermöglicht, sich zu informieren, Zusammenhänge zu verstehen und zu einer eigenen fundierten Meinung zu finden. Auf diese Weise lernen die Schüler/-innen, verschiedene Presseorgane als Informationsquelle zu nutzen, ihre Seriosität und Wirkungskraft zu beurteilen und die Presse als wirkungsvolle Möglichkeit der Meinungsbildung zu gebrauchen. Sie erfahren aber auch, wie öffentliche Meinung „gemacht" wird, müssen sie doch viele Artikel zu einem Thema lesen und auswerten, was sie zu kritischen Lesern werden lässt, die nicht alles, was in der Zeitung steht, unhinterfragt hinnehmen. Da die Schüler/-innen bei dieser Aufgabenstellung auf Themen zurückgreifen, die sie selbst interessieren, sind keine schweren Lernwiderstände zu erwarten, wenngleich es manchen Schwierigkeiten bereiten kann, aus der Fülle der veröffentlichten Zeitungen und Zeitschriften die Artikel zu einer bestimmten Thematik herauszufiltern.

VIII. (Fakultative) Aufgabe h)

Dieses stationäre Additum lenkt den Blick auf die Lebensläufe der beiden ersten Herausgeber der *Berlinischen Monatsschrift* und vertieft dadurch das bisher angeeignete Hintergrundwissen. Zunächst suchen die Schüler/-innen die Namen der Herausgeber aus der Sekundärliteratur oder dem Internet heraus, dann machen sie sich in der Sekundärliteratur kundig über deren Leben, so dass sie erneut den Umgang mit Sekundärliteratur, Nachschlagewerken und anderen Informationsquellen einüben. Sie erfahren, dass **Friedrich Gedike,** der von 1754–1803 lebte, Sohn eines armen lutherischen Landpredigers in Boberow in der Prignitz war, seit dem 12. Lebensjahr, nach dem Tod des Vaters, im Waisenhaus aufwuchs, später Theologie studierte, als Hauslehrer arbeitete und schließlich in Berlin als Schuldirektor tätig war – eine Position, in der er zu einem der führenden Organisatoren und Reformatoren des preußischen Schulwesens wurde. **Johann Erich Biester** lebte von 1749–1816, war Sohn eines wohlhabenden Lübecker Kaufmanns, studierte Jura und arbeitete zunächst als Privat-

sekretär beim damaligen preußischen Kultusminister, bevor er zum Bibliothekar der königlichen Bibliothek in Berlin berufen wurde.[25]
Die Herausgeber wuchsen in unterschiedlichen familiären und gesellschaftlichen Verhältnissen auf, gehörten aber beide der bürgerlichen Schicht an und erreichten einen gewissen gesellschaftlichen Aufstieg, der es ihnen erlaubte, in ihren Gebieten mehr oder weniger offen die Postulate der Aufklärung zu vertreten. Ihre Zugehörigkeit zum Kreis der Mittwochsgesellschaft unterstreicht, welche Bedeutung sie aufklärerischem Denken und Arbeiten beimaßen.
Diese Fakten vergleichen die Schüler/-innen mit ihrem bisher erworbenen Wissen von der Aufklärung, um im mündlichen Gespräch mit anderen oder aber in schriftlicher Einzelarbeit abwägen und erkennen zu können, dass die beiden Lebensläufe tatsächlich typisch für die Epoche sind, die ja vom Aufstieg des Bürgertums geprägt ist, das sowohl im Politischen, als auch im Pädagogischen, Philosophischen und Literarischen an Einfluss gewinnt und aktiv die Ziele der Aufklärung zu verbreiten sucht. Die Lernenden sind aufgefordert, vorhandene historische Sachkenntnisse anzuwenden und zu bewerten, sie lernen, Fakten nicht nur aufzunehmen, sondern auch zu weitergehenden Schlussfolgerungen zu gebrauchen, und erweitern so ihre Urteilsfähigkeit. Da sich diese Aufgabe vor allem an lernstarke und an diesem Thema besonders interessierte Schüler/-innen wendet, sind Lernwiderstände nicht zu erwarten, allerdings kann es eine Schwierigkeit bedeuten, aus der Fülle von Informationsmaterial das für die Erledigung der Aufgabe geeignete zu finden.

IX. (Fakultative) Aufgabe i)

Das zweite stationäre Additum rundet mit einem weiteren Bezug zur aktuellen Lebenswelt der Schüler/-innen das Thema der Station, die Beschäftigung mit den Zeitschriften der Aufklärung, ab. Die Aufgabenstellung fordert von den Schüler/-innen, ein Konzept zu entwerfen, wie sie heutzutage Aufklärung betreiben würden. Dazu greifen sie zurück auf ihre Kenntnisse über das, was Aufklärung ist und wie Aufklärung im 18. Jahrhundert betrieben wird, die sie sich durch die intensive Beschäftigung mit der Vorrede und dem Inhaltsverzeichnis der *Berlinischen Monatsschrift* und der Sekundärliteratur und den anderen Informationsquellen mit Hinweisen zum damaligen Pressemarkt, den Herausgebern und den technischen und gesellschaftlichen Veränderungen des 18. Jahrhunderts angeeignet haben, und wenden sie auf ihre eigene Gegenwart an. Sie entwickeln ein Verständnis für die Bedeutung, die eine freie Presse für die Bildung der Bevölkerung hat, da sie als Massenprodukt eine große Leserschaft erreicht und durch die Verbreitung von vorurteilsfreien Informationen zur Mündigkeit der Menschen beiträgt. Der Entwurf eines Konzeptes zu heutiger Verbreitung von Aufklärung fördert das Transferdenken der Schüler/-innen, da sie erkennen, dass in ihrer Gegenwart verschiedene Massenmedien zur Verfügung stehen, mit deren Hilfe sich aufklärerisches Gedankengut vermitteln und aufklärerische Methodik anwenden lässt. Die Entscheidung für bestimmte aufklärerische Themen bildet die Fähigkeit der Lernenden aus, sich mit ihrer eigenen Gegenwart kritisch auseinander zu setzen, müssen sie doch beurteilen, auf welchen Gebieten zur Zeit Aufklärungsbedarf besteht. Darüber hinaus verlangt die Aufgabenstellung die Bereitschaft der Schüler/-innen, eigene kreative Ideen zu entwickeln und diese entweder handelnd in einem Rollenspiel, ikonisch in einem Schaubild oder symbolisch in einem schriftlichen Essay überzeugend darzustellen, es fördert damit ihre Fähigkeit, kreativ zu denken, sich adäquat auszudrücken und eigene Vorstellungen einleuchtend zu präsentieren. Da die Aufgabenstellung die Entwicklung und Umsetzung individueller, kreativer Ideen und eigener Vorstellungen erlaubt und die Art der Ausführung nicht vorgeschrieben ist, wird sie motivierender wirken als andere, so dass Lernschwierigkeiten und -widerstände hier kaum anzutreffen sind.

25 Nach Hinske, S. XX ff.

2.3.3 Die übrigen Stationen im Überblick: Inhalt, Materialien, Aufgabenformen, Lernziele

Die folgende Übersicht zeigt zusammenfassend die thematische Gliederung der übrigen Stationen des Lernzirkels, die ihnen jeweils zugrunde liegenden Texte und Materialien sowie die gewählten Aufgabenformen und die mit diesen verfolgten Groblernziele.

Station I: Geschichtliche Hintergründe zur Epoche der Aufklärung (Fundamentum)

Material/Textgrundlage: Lehrwerk Deutsch; Video „Wir Deutschen, Teil 9: Die Zeit der Vernunft"; J. Gleim: „Auch Les Etats généraux.", BM, Januar 1790, S. 91

Aufgabenformen: Informationsentnahme/Exzerpieren aus Text und Film; Begriffsdefinition, Gedichtanalyse (anhand von Leitfragen); Argumentieren/Diskutieren mit einem Partner oder in der Gruppe, schriftlich oder mündlich; ikonische/symbolische Darstellung von historischen Fakten

Lernziele: Kennenlernen der historischen Hintergründe der Epoche der Aufklärung; Wissen um und Verständnis für historische Zusammenhänge; Bereitschaft und Fähigkeit zur Auseinandersetzung mit anderen Meinungen, Fähigkeit, mit literarischen Texten umzugehen und sie zu bewerten; Bereitschaft zu kreativer Darstellung sachlicher Fakten; Fähigkeit zu situationsangemessener Darstellung von Informationen

Station II: Zum Begriff „Aufklärung" (Fundamentum)

Material/Textgrundlage: I. Kant: „Beantwortung der Frage: Was ist Aufklärung?", BM, Dezember 1784, S. 481–494; Z.: „Der Affe. Ein Fabelchen", BM, November 1784, S. 480; J. A. Eberhard: „Über den Ursprung der Fabel von der weißen Frau"; BM, Januar 1783, S. 5–21, Bildfolien: A. Perée: „Die Erneuerung des Menschengeschlechts" (1795) und D. Chodowiecki: „Aufklärung" (1792); Lehrwerk Deutsch

Aufgabenformen: Auseinandersetzung mit Werken der bildenden Kunst (Leitfragen); Erschließen von philosophischer Prosa und historischen Sachtexten (Leitfragen, Lückentexte); Fabelanalyse (Leitfragen); Vergleichen von Inhalt, Aufbau und Sprache unterschiedlicher Texte zu einem Thema

Lernziele: Nachvollziehen der Methodik und Arbeitsweise der Aufklärer; Bereitschaft und Fähigkeit zur selbstständigen Auseinandersetzung mit anspruchsvoller Prosa; Bereitschaft und Fähigkeit zur Analyse und Deutung bildender Kunst; Erkennen des Zusammenhangs zwischen historischen Ereignissen und Inhalten künstlerischer Werke; Fähigkeit zur Abstraktion; Fähigkeit der Erschließung literarische Texte; Bereitschaft zur Auseinandersetzung mit den Ideen der Aufklärung

Station III: Literarische Formen (Fundamentum)

Material/Textgrundlage: Textblatt „Kleine Formen" (darin: K. W. Ramler: „Vierzehn Fabeln von Lessing, in Verse gebracht", 1796, G. C. Lichtenberg – Aphorismen aus den „Sudelbüchern", 1800–1806, J. C. Rost/F. Nicolai: „Rosts Satire auf Gottsched.", BM, Januar 1805)

Aufgabenformen: Erschließung literarischer Kurzformen (Lückentext, Leitfragen, Begriffsdefinition, Multiple-Choice-Aufgaben); Informationsentnahme/Exzerpieren aus Sachbüchern; Argumentieren/Diskutieren mit einem Partner oder in der Gruppe, schriftlich oder mündlich; Erklären historischer Fakten; Schreiben nach literarischen Vorlagen

Lernziele: Kenntnis der Merkmale verschiedener literarischer Kurzformen; Fähigkeit des Umgangs mit Nachschlagewerken; Erkennen des Zusammenhangs zwischen historischen Ereignissen und Inhalten künstlerischer Werke; Fähigkeit der Erschließung literarischer Texte; Bereitschaft zur Auseinandersetzung mit anderen Meinungen; Freude an literarischem Selbstausdruck

Station IV: Geheime Gesellschaften (Additum)

Material/Textgrundlage: Auszüge BM (darin: Die Herausgeber: „Neuer Beitrag zu einiger Kenntniß verschiedener jetzt existierenden Geheimen Gesellschaften", Oktober 1785, S. 355/356; Anonym: „Beweis, daß das Buch Saint Nicaise der Religion, allen öffentlichen Staaten und auch den guten Sitten zuwider sei.", Februar 1786) W. A. Mozart: „Die Zauberflöte" (Textblatt, Kassette); Bildblatt „Arbeitsteppich Freimaurer"; Video G. Lucas (Buch)/I. Kershner (Regie): „Star Wars – Das Imperium schlägt zurück" (1980); Lehrwerk Deutsch (darin: Hinweise und Fachbegriffe zur Analyse von Filmen)

Aufgabenformen: Lesen mit verteilten Rollen; Erschließung literarischer Texte (Leitfragen); Auseinandersetzung mit Musik (Leitfragen); Informationsentnahme/Exzerpieren aus Nachschlagewerken und anderen Sachbüchern; Bewerten von historischen Stellungnahmen zu einem Thema; Argumentieren/Diskutieren mit einem Partner oder in der Gruppe, schriftlich oder mündlich; Filmanalyse (Leitfragen); Informationsentnahme/Exzerpieren aus Nachschlagewerken und anderen Sachbüchern; Bewerten von historischen Stellungnahmen zu einem Thema; Argumentieren/Diskutieren mit einem Partner oder in der Gruppe, schriftlich oder mündlich; Filmanalyse (Leitfragen)

Lernziele: Bereitschaft zum formgerechten Vortragen und zum gestalteten Vorlesen; Fähigkeit der Erschließung literarischer Texte; Fähigkeit des Umgangs mit Nachschlagewerken und Sekundärliteratur; Fähigkeit der Erschließung historischer argumentativer Prosa; Bereitschaft zur Auseinandersetzung mit anderen Meinungen; Kenntnis filmischer Gestaltungsmerkmale; Fähigkeit zur Filmanalyse; Erkennen tradierter Vorstellungen

Station V: Erziehung (Fundamentum)

Material/Textgrundlage: J. Stuve: „Ein Vorschlag zur Verbreitung wahrer Aufklärung unter allen Ständen.", BM, November 1785, S. 472–477; Auszug aus J. H. Campe: „Robinson der Jüngere" (1779)

Aufgabenformen: Analyse eines argumentativen Textes (Leitfragen); Analyse und Erschließung eines historischen Textes der Kinder- und Jugendliteratur (Leitfragen), Textvergleich; Informationsentnahme/Exzerpieren aus Sachtexten und Literatur; Vergleich von damaligen und heutigen gesellschaftlichen Leitbildern; Meinung äußern, schriftlich oder mündlich

Lernziele: Fähigkeit der Erschließung von Sachtexten und literarischen Texten; Fähigkeit zum sinnvollen Textvergleich; Wissen um gegenwärtige und historische gesellschaftliche Leitvorstellungen; Bereitschaft zur Auseinandersetzung mit moralischen und gesellschaftlichen Leitbildern; Bereitschaft zur Auseinandersetzung mit anderen Meinungen; Bewerten von Leitvorstellungen und Einstellungen; Fähigkeit zur Abstraktion; Fähigkeit zur überzeugenden Darstellung eigener Ansichten

Station VI: Religion (Fundamentum)

Material/Textgrundlage: G. E. Lessing: „Nathan der Weise" (= Ringparabel), 1779; Anonym „Boccazens Erzählung von den drei Ringen.", BM, April 1794, S. 340–349; versch. Briefe von G. E. Lessing, J. M. Goeze, Herzog Karl von Braunschweig, alle 1778)

Aufgabenformen: Quellensuche Internet; Informationsentnahme/Exzerpieren aus der Sekundärliteratur und aus dem Internet; Analyse und Interpretation einer Parabel (Leitfragen); Umwandlung eines literarischen Textes in Standbilder; handelndes Darstellen eigener Interpretationsansätze; Erschließung und Deutung einer historischen Auseinandersetzung; Erschließung von (historischen) Sachtexten; Vergleich literarischer Texte (Leitfragen)

Lernziele: Einblick in sinnvolle Arbeit mit dem Internet; Fähigkeit des sinnvollen Umgangs mit PC-Hard- und Software; Fähigkeit des sicheren Umgangs mit Sekundärliteratur, Nachschlagewerken und anderen Informationsquellen; Kenntnis der Merkmale einer Parabel; Bereitschaft zur Auseinandersetzung mit moralphilosophischen Vorstellungen; Fähigkeit der Erschließung literarischer Texte; Freude an darstellendem Spiel; Erkennen der vielfältigen Möglichkeiten zur konkreten Umsetzung dramatischer Texte; Fähigkeit zum sinnvollen Textvergleich; Wissen um historische Bedingungsgefüge; Erkennen des Zusammenhangs von Literatur und Gesellschaft; Fähigkeit zur überzeugenden Darstellung eigener Ansichten

Station VIII: Tugenden (Additum)

Material/Textgrundlage: B. Franklin/J. E. Biester: „Anleitung zur praktischen Uebung der Tugend", Neue BM, Februar 1799, S. 83–110; Begriffskarten

Aufgabenformen: ikonische/symbolische Darstellung eigener Lebenspraxis; Vergleich eigener und historischer Lebenspraxis; Informationsentnahme aus/Erschließung von historischen Sachtexten (Leitfragen); Begriffsdefinition; Erklären historischer Gegebenheiten und Ursachen; Ordnen von Begriffen (Kartenlegen); symbolisches (zeichnerisches) Darstellen abstrakter Begriffe; Bewerten von Texten; Argumentieren/Diskutieren mit einem Partner oder in der Gruppe, schriftlich oder mündlich; Umformung abstrakter Begriffe in konkrete Beispiele; Schreiben satirischer Texte; Kartenspiel (Memory)

Lernziele: Bereitschaft zur Reflexion eigener Lebenspraxis; Einblick in die historische Bedingtheit menschlicher Lebensumstände; Fähigkeit zu symbolischer Darstellung sachlicher Fakten; Fähigkeit des sicheren Umgangs mit Sekundärliteratur, Nachschlagewerken und anderen Informationsquellen; Fähigkeit der Analyse von historischen Sachtexten; Fähigkeit der Abstraktion; Fähigkeit der klaren Begriffsdefinition; Kenntnis der Merkmale satirischer Texte; Erkennen der Perspektivität von Beurteilungen; Fähigkeit zur überzeugenden Darstellung eigener Ansichten; Bereitschaft zum Entwickeln kreativer Ideen; Freude am gestalterischen Schreiben und Zeichnen; Erkennen unterschiedlicher Möglichkeiten zur Klärung abstrakter Begriffe; Spaß an spielerischem Handeln

Station IX: Naturwissenschaft und Technik (Additum)

Material/Textgrundlage: H. G. Flörke: „Über die Strahlenbrechung an den Berlinischen Stadtmauren", Neue BM, November 1800, S. 378–383

Aufgabenformen: Quellensuche Internet; Informationsentnahme/Exzerpieren aus der Sekundärliteratur und aus dem Internet; Informationsentnahme aus/Analyse von historischen Sachtexten (Leitfragen); Bewerten von Sachtexten; Erklären physikalischer Phänomene; Umsetzung physikalischer Gesetzmäßigkeiten in anschauliche Versuchsanordnungen; mündliches Argumentieren/Diskutieren in der Gruppe

Lernziele: Bereitschaft zur Reflexion historischer und gegenwärtiger Entwicklungen; Fähigkeit zu symbolischer Darstellung sachlicher Fakten; Fähigkeit des sicheren Umgangs mit Sekundärliteratur, Nachschlagewerken und anderen Informationsquellen; Fähigkeit der Analyse von historischen Sachtexten; Fähigkeit zur Abstraktion; Bereitschaft zum Entwickeln kreativer Ideen; Bereitschaft zu kreativer Darstellung sachlicher Fakten; Fähigkeit zu situationsangemessener Darstellung von Informationen

2.4 Organisation und Ablauf des Lernzirkels im Unterricht

Der vorgestellte Lernzirkel ist auf 16–20 Unterrichtsstunden angelegt, die zusätzlich gestellte Hausaufgabe ist ebenfalls in dieser Zeit zu erledigen und wird im Anschluss an den Lernzirkel vorgestellt und besprochen. In dieser Hausaufgabe beschäftigen sich die Schüler/-innen individuell mit einem literarischen Werk der Aufklärung, wodurch der Lernzirkel thematisch bereichert wird. Durch die Anweisung, eine eigene Lernstation zu ihrer Lektüre zu erstellen, ist sichergestellt, dass sich die Lernenden im Unterricht tatsächlich neue Kenntnisse und Fähigkeiten aneignen, gleichzeitig üben sie Präsentationstechniken ein und erproben den ungelenkten Umgang mit Sekundärliteratur, was eine sinnvolle Vorübung für den Hausaufsatz und die Seminararbeit darstellt. Die Schüler/-innen be-

fassen sich also insgesamt fünf bis sechs Wochen lang intensiv in der Schule und Zuhause mit dem Thema Aufklärung und verschaffen sich so eigentätig einen tiefen, vielschichtigen Einblick in die Epoche. Der Lernzirkel wird durch eine Abschlussdiskussion abgerundet, die die individuellen Vorstellungen korrigiert und erweitert. Die auf den ersten Blick recht lang wirkende Zeitspanne ist gerechtfertigt, da sich die Schüler/-innen ja nicht allein literaturgeschichtlichen Aspekten widmen, sondern weit gefassten, fächerübergreifenden Fragestellungen nachgehen und zusätzlich eine literarische Ganzschrift aus der Zeit der Aufklärung lesen und aufbereiten. Darüber hinaus ermöglicht ihnen diese zeitintensive Auseinandersetzung, sich etliche der Fähigkeiten und Fertigkeiten anzueignen bzw. diese zu schulen, die in der kollegialen Oberstufe und im späteren Studium und Berufsleben von ihnen verlangt werden, wie beispielsweise die selbstständige eigenverantwortliche Informationsbeschaffung und -auswertung.
Nur sechs der neuen Lernzirkelstationen sind obligatorisch zu bearbeiten, an den einzelnen Stationen sind ebenfalls nicht alle Aufgaben zu erledigen, wodurch gewährleistet ist, dass selbst lernschwächeren Schüler/-innen jeweils zwei bis drei Unterrichtsstunden pro Station zur Verfügung stehen und auch sie sich selbstständig und in ihrem individuellen Arbeitstempo ein Bild von den Themen der Aufklärung machen können. Darüber hinaus können sich alle Schüler/-innen neben den Materialien und Texten der einzelnen Stationen der zusätzlich ausliegenden Lexika, Geschichtsbücher und Sekundärwerke bedienen, das eigene an der Schule eingeführte Deutschlehrwerk für diese Jahrgangsstufe benutzen, die Schulbibliothek konsultieren und auf die bereitgestellten Medien Video, Tonkassette und PC zugreifen, was sicherstellt, dass jede Aufgabe auch wirklich erledigt werden kann. Nach Beendigung einer Station erhalten die Schüler/-innen außerdem Einsicht in den vorbereiteten Lösungsordner, damit sie ihre Arbeit und Leistung selbst kontrollieren, beurteilen und korrigieren können.
Der eigentlichen Lernzirkelarbeit geht nur eine einführende Stunde voraus, die, beispielsweise durch Clusterarbeit oder Brainstorming, die Lernenden an die Epoche heranführt und Fragen zu dieser aufwirft und sie, sollte ihnen die Methode noch unbekannt sein, in die Arbeit mit einem Lernzirkel einweist. Die einzelnen Stationen und zusätzlichen Materialien und Medien, die von der Lehrperson zur Verfügung gestellt werden und während der Lernzirkelphase zur Zeitersparnis ständig im Klassenraum verbleiben, werden dabei jedoch nicht detailliert vorgestellt, sondern nur unter Nennung der jeweiligen Thematik im Klassenzimmer aufgestellt, um die Neugierde der Jugendlichen auf das ausliegende Material zu erhalten. Ausführlich erklärt wird hingegen der Laufzettel, der während der Lernzirkelarbeit zu führen ist und die übergreifenden Fragestellungen für die Abschlussdiskussion und die Hausaufgabe enthält. Der Laufzettel dient zum einen als motivierender Leistungsnachweis für die Schüler/-innen selbst, aber auch als Kontrollmöglichkeit für die Lehrperson, die z. B. von einzelnen als erledigt abgehakte Aufgaben zum Inhalt einer kurzen mündlichen Abfrage machen kann, um so erkennen zu können, was einzelne Schüler/-innen aus dem Lernzirkel gelernt haben. Er wird als Deckblatt in einem Schnellhefter abgelegt, den die Lernenden, ebenso wie weiteres Arbeitsmaterial, selbst mitbringen und, in dem sie die an den Stationen für alle ausliegenen kopierten Arbeits- und Textblätter sowie ihre individuellen Exzerpte und anderen Arbeitsergebnisse sammeln, so dass sie auch nach der Lernzirkelarbeit noch auf gebündelte Informationen zur Epoche der Aufklärung Zugriff haben.
Während der Lernzirkelphase wird es notwendig sein, die im Klassenzimmer übliche Tischordnung zu verändern, damit einzelne Gruppen die Möglichkeit haben, gemeinsam arbeiten zu können. Darüber hinaus kann es vorkommen, dass einige Schüler/-innen gleichzeitig bestimmte Materialien oder Medien benutzen wollen, so dass sie gezwungen sind, sich untereinander zu einigen, was ihre soziale Kompetenz erhöht. Verständigen müssen sie sich zusätzich, wenn eine Schüler/-in oder eine Gruppe ein Video ansieht, während andere konzentriert an einer Textanalyse arbeiten. Auch in diesem Fall müssen sie nach einer für alle befriedigenden Lösung suchen und lernen so gegenseitige Rücksichtnahme und Kompromissbereitschaft.

3. Die Aufklärung als Aufforderung zur Zusammenarbeit

Bezieht der vorgestellte Lernzirkel bereits einige fächerübergreifende Fragestellungen ein und fordert dazu heraus, sich die Vielfalt der Aufklärung vor Augen zu führen, so präsentiert er dennoch nur einen Ausschnitt der Epoche und ließe sich um weitere Stationen erweitern.
Möglich wird dies jedoch nur, wenn sich auch die jeweiligen Fachkolleg/-innen die Methodik und die Ideen der Aufklärungn zu Eigen machen, wenn sie also enger als bisher zusammenarbeiten, ihre Stoffverteilung besser aufeinander abstimmen, nach fächerübergreifenden Ansatzpunkten suchen und zwischen einzelnen Fächern bestehende Vorurteile abbauen. Nur so können verwandte Inhalte einzelner Fächer auch in zeitlicher Übereinstimmung unterrichtet werden, nur so erhalten Schüler/-innen einmal die Möglichkeit, inhaltliche Bezüge zwischen unterschiedlichen Schulfächern herzustellen und Zusammenhängendes als solches zu erkennen. Auch auf rein organisatorischer Ebene sollten Kolleg/-innen zu gegenseitiger Abstimmung bereit sein und sich beispielsweise Unterrichtszeit zur Verfügung stellen, damit sich Schüler/-innen länger als 45 Minuten mit einem Thema beschäftigen können. Da in dem vorgestellten Lernzirkel für das Fach Deutsch auch Inhalte aus anderen Fächern abgedeckt werden, bräuchten diese nicht eigens im jeweiligen Fachunterricht behandelt werden, so dass dort bereits Stunden eingespart sind, die der Lernzirkelarbeit zur Verfügung gestellt werden könnten.
Will man Schüler/-innen zu Selbstständigkeit ermutigen, will man sie herausfordern, sich individuell ein ihnen eher fremdes Thema zu erarbeiten und sich in Eigenarbeit neue Fähigkeiten und Kenntnisse anzueignen, will man sie dabei gleichzeitig dazu anleiten, sich gegenseitig zu unterstützen und aufeinander Rücksicht zu nehmen, so sollte man ihnen innerhalb des Kollegiums mit gutem Beispiel vorangehen und die Herausforderungen der Aufklärung annehmen.

Verzeichnis der verwendeten Literatur und der eingesetzten Materialien

Primärtexte: Beiträge aus der *(Neuen) Berlinischen Monatsschrift*

Berlinische Monatsschrift, Neue Berlinische Monatsschrift, Sämtliche Beiträge, http://www.ub.uni-bielefeld.de/diglib/Berlinische Monatsschrift/ (22.01.2002).

Anonym: „Boccazens Erzählung von den drei Ringen", April 1794, S. 340–349.

Anonym: „Beweis, daß das Buch Saint Nicaise der Religion, allen öffentlichen Staaten und auch den guten Sitten zuwider sei", Februar 1786, S. 127–128.

Eberhard, Johann August: „Über den Ursprung der Fabel von der weißen Frau", Januar 1783, S. 5–21.

Flörke, H. G.: „Über die Strahlenbrechung an den Berlinischen Stadtmauren", November 1800, S. 378–383.

Franklin, Benjamin/Biester, Johann Erich: „Anleitung zur praktischen Uebung der Tugend", Februar 1799, S. 83–110.

Gedike, Friedrich/Biester, Johannn Erich: „Neuer Beitrag zu einiger Kenntniß verschiedener jetzt existierenden Geheimen Gesellschaften", Oktober 1785, S. 355/356.

Gedike, Friedrich/Biester, Johann Erich: „Vorrede", Januar 1783, S. 1–2.

Gleim, Johann Wilhelm Ludwig: „Auch Les Etats généraux", Januar 1790, S. 91.

Kant, Immanuel: Beantwortung der Frage: „Was ist Aufklärung?", Dezember 1784, S. 481–494.

Mozart, Wolfgang Amadeus: „Die Zauberflöte, Textbuch. Einführung und Kommentar von Kurt Pasten, Münden/Mainz: Piper-Schott [8]1995.

Nicolai, Friedrich: „Rosts Satire auf Gottsched", Januar 1805, S. 31–41.

Ramler, Karl Wilhelm: Vierzehn Fabeln von Lessing, in Verse gebracht, Januar 1796, S. 1–12.

Stuve, Johann: „Ein Vorschlag zur Verbreitung wahrer Aufklärung unter allen Ständen", November 1785, S. 472–477.

Z.: „Der Affe. Ein Fabelchen", November 1784, S. 480.

Zöllner, Friedrich: „Ist es rathsam, das Ehebündniß nicht ferner durch die Religion zu sanciren?", Dezember 1783, S. 508–517.

Weitere Primärtexte

Campe, Joachim Heinrich: Robinson der Jüngere, zur angenehmen und nützlichen Unterhaltung für Kinder, n. d. Erstdr. hg. v. Alwin Binder und Heinrich Richartz, Stuttgart: Reclam 1981.

Goeze, Johann Melchior: Etwas Vorläufiges, in: Lessing, Gotthold Ephraim: Werke in acht Bänden, hg. v. Herbert G. Göpfert, Bd. 8, München: Hanser 1970, S. 21.

Grimm, Gunter (Hg.): Satiren der Aufklärung, Stuttgart: Reclam 1975.

Grundgesetz für die Bundesrepublik Deutschland, Baden-Baden: Nomos [6]1996.

Herzog Karl von Braunschweig: An Gotthold Ephraim Lessing (3.8.1778), in: Insel Almanach auf das Jahr 1979, hg. v. Horst Günther, Frankfurt a. M.: Insel 1978, S. 118.

Horkheimer, Max/Adorno, Theodor: Dialektik der Aufklärung. Philosophische Fragmente, Frankfurt a. M.: Fischer 1969.

Lessing, Gotthold Ephraim: Die Bitte (16.3.1778), in: ders.: Werke in acht Bänden, hg. v. Herbert G. Göpfert, Bd. 8, München: Hanser 1970, S. 120.

Lessing, Gotthold Ephraim: Nathan der Weise. Ein dramatisches Gedicht in fünf Aufzügen, Leipzig: Reclam o. J.

Lichtenberg, Georg Christoph: Aphorismen, in: ders.: Schriften und Briefe, hg. v. Wolfgang Promies, München: Verlag 2001/1968.

Schulordnung für die Gymnasien in Bayern (GSO) mit Gesetz über das Erziehungs- und Unterrichtswesen (BayEUG), München: J. Maiss ^{12}1994.

Filme/Tonaufnahmen

Lucas, George (Buch)/Kershner, Irvin (Regie): Star Wars – Das Imperium schlägt zurück, 20th Century Fox 1997 (Videoversion des Kinofilms von 1980, 122 Min.).

NDR: Wir Deutschen. Teil 9: Die Zeit der Vernunft, Wissen auf Video, Nr. 705, Studio Hamburg/NDR, o. J. (Videokassette, 45 Min.).

Mozart, Wolfgang Amadeus: Die Zauberflöte (Gesamtaufnahme), Deutsche G (Universal Vertrieb) 1992 (Audio CD).

Schulbücher

Berg, Rudolf (Hg.): Wege durch die Geschichte, Geschichte 11, Berlin: Cornelsen 1994.

Busley, Hejo u. a.: Geschichtliche Weltkunde. Band 3: Von der Zeit des Absolutismus bis zum ausgehenden 19. Jahrhundert, Frankfurt a. M. u. a.: Diesterweg 1982.

Hoffmann, Friedrich/Rösch, Herbert: Grundlagen, Stile, Gestalten der deutschen Literatur. Neue Ausgabe, Berlin: Cornelsen 1998.

Krywalski, Diether, Beimdick, Walter (Hg.): Werk und Wirkung. Fünfzehn Jahrhunderte deutscher Dichtung, München: Erenwirth/Oldenbourg 1993.

Lindenhahn: Arbeitsheft zur Literaturgeschichte: Aufklärung, Texte – Übungen, Berlin: Cornelsen 1995.

Stadler, Hermann (Hg.): Texte und Methoden 11. Lehr- und Arbeitsbuch Deutsch, Berlin: Cornelsen 1993.

Wagner, Rüdiger, Pelster, Theodor (Hg.): Colleg Deutsch 1. Arbeitstechniken, Sprachgebrauch, Literatur, München: bsv 1992.

Fachdidaktik

Bauer, Roland: Schülergerechtes Arbeiten in der Sekundarstufe I: Lernen an Stationen, Berlin: Cornelsen Scriptor 1997.

Bayerisches Staatsministerium für Unterricht, Kultus, Wissenschaft und Kunst (Hg.): Lehrplan für das bayerische Gymnasium, KWMBl I, So-Nr. 3/1990, http://www.isb.bayern.de/bf/isbl/lps/gym/lpgym3.pdf (08.01.2002).

Bayerisches Staatsministerium für Unterricht, Kultus, Wissenschaft und Kunst (Hg.): Lehrplan für das bayerische Gymnasium, KWMBl I, So-Nr. 7/1992 (= Fachlehrplan Deutsch).

Bayerisches Staatsministerium für Unterricht und Kultus (Hg.): Lehrplan für das Gymnasium in Bayern, München: Kastner: 2003.

Peterßen, Wilhelm H.: Kleines Methoden-Lexikon, München: Oldenbourg 1999.

Salzgeber, Dieter: Lernen an Stationen, http://www.semrs.aa.bw.schule.de/statione.htm (09.01. 2002).

Sekundärliteratur

Adelung, Johann Christoph: Grammatisch-kritisches Wörterbuch der hochdeutschen Mundart. Elektronischer Neusatz und Faksimile des Original-Druckes der Ausgabe Leipzig 1793/1801, Berlin: Directmedia Publ. 2001 (CD-Rom).

Bark, Joachim, Steinbach, Dietrich, Wittenberg, Hildegard (Hg.): Epochen der deutschen Literatur, Stuttgart: Klett 1989.

Beutin, Wolfgang, u. a.: Deutsche Literaturgeschichte. Von den Anfängen bis zur Gegenwart, Stuttgart: Metzler 4. überarb. Aufl. 1992.

Birtsch, Günter: Die Berliner Mittwochsgesellschaft (1783–1798), in: Bödeker, Hans Erich, Herrmann, Ulrich: Über den Prozeß der Aufklärung in Deutschland im 18. Jahrhundert: Personen, Institutionen und Medien, Göttingen: Vandenhoeck & Ruprecht 1987, S. 94–112.

Edelmann, Walter: Lernpsychologie, Weinheim: Psychologie-Verlags-Union, 3. neue bearb. Aufl. 1993.

Grimm, Jacob und Wilhelm: Deutsches Wörterbuch, München: DTV 1984 (Nachdruck der Erstausgabe von 1854).

Hager, Fritz-Peter (Hg.): Bildung, Pädagogik und Wissenschaft in Aufklärungsphilosophie und Aufklärungszeit, Bochum: Winkler 1997.

Herding, Klaus: Im Zeichen der Aufklärung. Studien zur Moderne, Frankfurt a. M.: Fischer 1989.

Hermsdorf, Klaus: Literarisches Leben in Berlin. Aufklärer und Romantiker, Berlin: Akademie 1987.

Hinske, Norbert/Albrecht, Michael (Hg.): Was ist Aufklärung? Beiträge aus der Berlinischen Monatsschrift, Darmstadt: Wissenschaftliche Buchgesellschaft. 4., um ein Nachwort erw. Aufl. 1990.

Hofmann, Michael: Aufklärung. Tendenzen – Autoren – Texte, Stuttgart: Reclam, 1999.
Jung, Hans-Joachim (Hg.): Freimaurerei – kein Geheimnis!, Bonn: Die Bauhütte Bonn 1996.

Kluge, Friedrich: Etymologisches Wörterbuch der deutschen Sprache. Unter Mithilfe von Max Bürgisser u. Bernd Gregor völlig neu bearb. von Elmar Seebold, Berlin, New York: de Gruyter ^{22}1989.

Kluge, Manfred/Radler Rudolf (Hg.): Hauptwerke der deutschen Literatur. Einzeldarstellungen und Interpretationen (Edition Kindlers Literatur Lexikon), München: Kindler 1974.

Lennhoff, Eugen/Posner, Oskar: Internationales Freimaurerlexikon, Wien/München: Amalthea 1932 (unveränd. Nachdruck).

Naudon, Paul: Geschichte der Freimaurerei, Farnkfurt a. M.: Propyläen 1982.

Pahlen, Kurt (Hg.): Wolfgang Amadeus Mozart – Die Zauberflöte. Textbuch (Text von Emanuel Schikaneder), München: Piper 1988.

Pütz, Peter: Die deutsche Aufklärung, Darmstadt: Wissenschaftliche Buchgesellschaft ^{3}1987.

Raabe, Paul/Schmidt-Biggemann, Wilhelm (Hg.): Aufklärung in Deutschland, Bonn: Hohwacht 1979.

Schneiders, Werner (Hg.): Lexikon der Aufklärung: Deutschland und Europa, München: Beck 2001.

Schweikle, Günther u. Irmgard: Metzler-Literatur-Lexikon. Stichwörter zur Weltliteratur, Stuttgart: Metzler 1984.

Vierhaus, Rudolf: Der aufgeklärte Schriftsteller. Zur sozialen Charakteristik einer selbsternannten Elite, in: Bädeker, Hans Erich/Hermann, Ulrich (Hg.): Über den Prozeß der Aufklärung in Deutschland im 18. Jahrhundert, Göttingen: Vandenhoeck u. Ruprecht 1987, S. 53–65.

Vierhaus, Rudolf: Deutschland im 18. Jahrhundert. Politische Verfassung, soziales Gefüge, geistige Bewegungen, Göttingen: Vandenhoeck u. Ruprecht 1987.

Wilpert, Gero von: Sachwörterbuch der Literatur, Stuttgart: Kröner 6. verb. u. erw. Aufl. 1979.

Arbeitsmaterialien

Alle Texte aus der Berlinischen Monatsschrift sind im Internet abrufbar (www.ub.uni-bielefeld.de/diglib/Berlinische Monatsschrift/). Sie sollten nur dann für die Schüler/-innen als Kopie zur Verfügung gestellt werden, wenn der Zugang zu Internet und Drucker nicht für alle problemlos möglich ist. Sie können auch als zusätzliche Hilfe bereitgehalten werden, falls Schüler/-innen Probleme haben, die Originalschrift zu lesen.

Für alle Schüler/-innen müssen mindestens folgende Seiten kopiert werden: S. 25, 34–36, S. 44–46, 51 f.

Alle weiteren Seiten (Arbeitsaufträge, Bilder, Begriffskarten, Texte) können ebenfalls für alle anderen Schüler/-innen vervielfacht werden, es genügt aber auch, sie nur als „Materialgrundlage" an der jeweiligen Station in ein- oder mehrfacher Ausfertigung auszulegen bzw. als zusätzliche Hilfe anzubieten.

Schülerblatt

Laufzettel

Erledigen Sie die an den jeweiligen Stationen gegebenen Arbeitsaufträge, bearbeiten Sie dabei alle obligatorischen Aufgaben und wählen Sie aus den fakultativen diejenigen aus, die Sie besonders interessieren.
Gehen Sie dann bei allen Stationen zur Vorbereitung der abschließenden Diskussion auf die nachfolgenden übergreifenden Fragen ein.
Zur Bearbeitung können Sie (neben den jeweils speziell angegebenen Materialien) auf alle ausliegenden Lexika, Textvorlagen, Filme etc. zurückgreifen und selbstständig weitere Informationsquellen heranziehen (Internet, Bibliothek, Filme, Zeitungen ...).
Die Arbeitsform ist meistens frei wählbar – Sie können bei vielen Arbietsaufträgen selbst entscheiden, ob Sie alleine oder gemeinsam mit anderen arbeiten möchten.

Station	Erledigt am:	Bearbeitete Aufgaben:								
		a)	b)	c)	d)	e)	f)	g)	h)	i)
I Geschichte (obligatorisch)										
II Begriff (obligatorisch)										
III Literatur (obligatorisch)										
IV Geheimbund (fakultativ)										
V Erziehung (obligatorisch)										
VI Religion (obligatorisch)										
VII Zeitschriften (obligatorisch)										
VIII Tugenden (fakultativ)										
IX Naturwissenschaft (fakultativ)										

Übergreifende Fragestellungen für alle Stationen

1. Was sind die Ziele der Aufklärung? Sind sie erreicht worden?
2. Wie arbeiten die Aufklärer? Ist eine bestimmte Vorgehensweise oder Methode erkennbar?
3. Welche Ideen der Aufklärung sind auch heute noch aktuell und bestimmen unsere Vorstellungen und unser Denken? Welche Auswirkungen der Aufklärung auf unsere Gegenwart können Sie erkennen? Belegen Sie dies an Beispielen.

Zusätzliche (Haus-)Aufgabe

Informieren Sie sich über folgende Werke (z. B. in Kluge, Radler (Hg.): Hauptwerke der deutschen Literatur): Schiller: *Der Geisterseher;* Lessing: *Emilia Galotti;* LaRoche: *Geschichte des Fräuleins von Sternheim.*
Wählen Sie das Werk aus, das Sie am stärksten interessiert, und lesen Sie es. Erstellen Sie nach der Lektüre eine Lernstation für Ihre Mitschüler/-innen, mit deren Hilfe diese den Inhalt, die Hauptpersonen und ihre Charakterzüge und die Bedeutung des Werkes für die Epoche kennen lernen können. Beziehen Sie dabei auch Informationen aus der Sekundärliteratur ein.

Stationsmaterial

Station I: Geschichtliche Hintergründe zur Epoche der Aufklärung

Material/Textgrundlage:
Video: Wir Deutschen, Teil 9: Die Zeit der Vernunft.
J.W.L. Gleim: Auch Les Etats généraux., Berlinische Monatsschrift, Januar 1790.

Obligatorische Aufgaben:

a) Informieren Sie sich über die geschichtlichen Ereignisse des 18. Jahrhunderts und notieren Sie in Stichpunkten wichtige Ereignisse und bedeutende Personen des 18. Jahrhunderts.

b) Welche Ereignisse prägten jeweils die Entwicklung in Frankreich, in England und in Deutschland? Welche Personen prägten das Zeitgeschehen in Frankreich, in England und in Deutschland? Auf welchen Gebieten machten sie von sich reden?

c) Erläutern Sie mit eigenen Worten den Unterschied zwischen „Absolutismus" und „aufgeklärtem Absolutismus".

d) Vergleichen Sie Ihre Ergebnisse mit den Ergebnissen anderer: Stimmen sie überein?

e) Setzen Sie sich mit dem Gedicht von Gleim auseinander: Auf welches Ereignis nimmt er Bezug? Wie ist seine Haltung dazu, wie bewertet er es? An welchen sprachlichen und stilistischen Merkmalen können Sie das erkennen?

f) Was ist Ihrer Meinung nach das herausragendste Ereignis, wer die herausragendste Persönlichkeit? Begründen Sie Ihre Entscheidung.

g) Diskutieren Sie: War das 18. Jahrhundert das „Jahrhundert des Bürgertums"?

Fakultative Aufgaben:

h) Erstellen Sie eine Collage über die Ereignisse, die Ihrer Meinung nach das 18. Jahrhundert nachhaltig veränderten.

i) Erstellen Sie eine Collage über eine Person, die das 18. Jahrhundert prägte.

Station I

Auch Les Etats généraux.

An Frankreichs Demokraten.

Nicht mehr, als etwa nur zwölfhundert
Despoten wollt ihr? Ha! Mich wundert,
Daß ihr, der Despotie so hold!
Nicht mehr noch ihrer haben wollt?

Zwölf hundert woll'n, anstatt des Einen
Das ist, ihr Herrn! ich sollt' es meinen
Gar viel nicht schlimmer, als das Woll'n,
(Nehmt mir's nicht übel) eines Tolln!

Den Einen, macht' er's euch zu toll,
Den, dächt' ich, zwänge man noch wohl;
Auch ist des Einen Wuth nicht erblich:
Zwölf hundert aber sind nicht sterblich!

Der Weise, dächt' ich, sollt' ich meinen,
Der hielt' es immer mit dem Einen!

Halberstadt Gleim.

Stationsmaterial

Station II: Zum Begriff „Aufklärung“

Material/Textgrundlage:
I. Kant: Beantwortung der Frage: Was ist Aufklärung?, Berlinische Monatsschrift, Dezember 1784, S. 481–494.
Z.: Der Affe. Ein Fabelchen, Berlinische Monatsschrift, November 1784, S. 480.
J. A. Eberhard: Über den Ursprung der Fabel von der weißen Frau, Berlinische Monatsschrift, Januar 1783, S. 5–21.
Bildfolien: A. Perée: Die Erneuerung des Menschengeschlechts (1795).
D. Chodowiecki: Aufklärung (1782).
M. Horkheimer, Th. Adorno: Dialektik der Aufklärung, Frankfurt a. M., 1969, S. 9f.

Obligatorische Aufgaben:

a) Beschreiben Sie den Kupferstich von Chodowiecki und die Radierung Perées. Was ist zu sehen? Was steht im Mittelpunkt des Bildes? Wie fällt die Lichtgestaltung aus? Welche Symbole erkennen Sie? Unterscheiden sich die beiden Darstellungen in ihrer Aussage über die Aufklärung?

b) Bearbeiten Sie das Arbeitsblatt zu Kants Aufsatz.

c) Bearbeiten Sie das Arbeitsblatt zu „Der Affe. Ein Fabelchen".

d) Bearbeiten Sie die Arbeitsblätter zu Eberhards Abhandlung.

Fakultative Aufgaben:

e) Die Berlinische Monatsschrift enthält weitere Antworten auf Zöllners Frage. Wählen Sie eine davon aus, fassen Sie Inhalt und Argumentationsgang kurz zusammen und vergleichen Sie die Position mit den Positionen, die Kant und Zöllner äußern. Vergleichen Sie auch die Art der Darstellung – welche Unterschiede sind erkennbar (Sprache, Textsorte, Adressat ...)?

f) Eine weitere Antwort auf Zöllners Frage geben im 20. Jahrhundert Max Horkheimer und Theodor Adorno in „Dialektik der Aufklärung". Erschließen Sie den Ausschnitt, der auf dem Arbeitsblatt abgedruckt ist, nach Inhalt und Form. Was verstehen Horkheimer und Adorno unter dem Begriff Aufklärung?

Station II

Aufklärung

Station II

Schülerblatt

Station II

Vorbemerkung

Friedrich Zöllner (1753–1804), Theologe, auch pädagogisch und publizistisch tätig, Mitglied der Mittwochsgesellschaft und Angehöriger des engsten Kreises der Berliner Aufklärer, stellt im Dezember 1783 (also gegen Ende der Epoche!) in einem seiner Artikel in der Berlinischen Monatsschrift eine provokante Frage:

Ich kenne Religionslehrer genug, die praktische fürs Menschenglük brauchbare Religion predigen; und ich würde heute einen anderen Stand wählen, wenn ich nicht durch Thatsachen überzeugt wäre, daß nicht alles Predigen, und vornehmlich nicht der Unterricht der Jugend vergeblich ist. Freilich ist indessen zu besorgen, daß durch beides in Zukunft noch immer weniger wird ausgerichtet werden; wenn man ferner so kräftige Maßregeln anwendet, die ersten Grundsätze der Moralität wankend zu machen, den Werth der Religion herabzusetzen, und unter dem Namen der Aufklärung*) die Köpfe und Herzen der Menschen zu verwirren. –

* Was ist Aufklärung? Diese Frage, die beinahe so wichtig ist, als: was ist Wahrheit, sollte doch wol beantwortet werden, ehe man aufzuklären anfinge! Und noch habe ich sie nirgends beantwortet gefunden!

(Berlinische Monatsschrift, Dezember 1783, S. 516)

Immanuel Kant: Beantwortung der Frage: Was ist Aufklärung?

(Berlinische Monatsschrift, Dezember 1784, S. 481–494)

1. Lesen Sie den Text sorgfältig, unterstreichen Sie wichtige Aussagen und markieren Sie die zentralen Begriffe. Markieren Sie auch die Stellen, die Ihnen unklar sind, und schlagen Sie unbekannte Wörter nach.

2. Finden Sie für jeden Abschnitt eine Überschrift und fassen Sie den Inhalt thesenartig zusammen. Vervollständigen Sie die Tabelle mit Ihren Ergebnissen.

3. Welche Funktion übernimmt der jeweilige Abschnitt in der Argumentation Kants? Notieren Sie Ihr Ergebnis ebenfalls in der Tabelle.

Abschnitt	Überschrift	Inhalt	Argumenation
1	Definition des Begriffes „Aufklärung"	Aufklärung als Ausgang des Menschen aus seiner selbstverschuldeten Unmündigkeit	Einleitung

Formulieren Sie die Antworten auf folgende Fragen in eigenen Worten:

4. Was bedeutet „Unmündigkeit"? Welche Ursachen hat sie laut Kant?

5. Was versteht Kant unter „Aufklärung"?

6. Was ist Kants Appell? An wen richtet er sich?

7. Warum lobt er seinen Herrscher Friedrich den Großen?

Berlinische Monatsschrift.

1784

Zwölftes Stük. December.

I.
Beantwortung der Frage:

Was ist Aufklärung?
(s. Decemb. 1783. S. 516)

Aufklärung ist der Ausgang der Menschen aus seiner selbst verschuldeten Unmündigkeit. Unmündigkcit ist das Unvermögen, sich seines Verstandes ohne Leitung eines anderen zu bedienen. Selbstverschuldet ist diese Unmündigkeit, wenn die Ursache derselben nicht am Mangel des Verstandes, sondern der Entschließung und des Muthes liegt, sich seiner ohne Leitung eines andern zu bedienen. Sapere aude! Habe Muth dich deines eigenen Verstandes zu bedienen! ist also der Wahlspruch der Aufklärung.

Faulheit und Feigheit sind die Ursachen, warum ein so großer Theil der Menschen, nachdem sie die Natur längst von fremder Leitung frei gesprochen (naturaliter majorennes), dennoch gerne Zeitlebens unmündig bleiben; und warum es Anderen so leicht wird, sich zu deren Vormündern aufzuwerfen. Es ist so bequem, unmündig zu sein. Habe ich ein Buch, das für mich Verstand hat, einen Seelsorger, der für mich Gewissen hat, einen Arzt, der für mich die Diät beurtheilt, u. s. w. so brauche ich mich ja nicht selbst zu bemühen. Ich habe nicht nöthig zu denken, wenn ich nur bezahlen kann; andere werden das verdrießliche Geschäft schon für mich übernehmen. Daß der bei weitem größte Theil der Menschen (darunter das ganze schöne Geschlecht) den Schritt zur Mündigkeit, außer dem daß er beschwerlich ist, auch für sehr gefährlich halte: dafür sorgen schon jene Vormünder, die die Oberaufsicht über sie gütigst auf sich genommen haben. Nachdcm sie ihr Hausvieh zuerst dumm gemacht haben, und sorgfältig verhüteten, daß diese ruhigen Geschöpfe ja keinen Schritt außer dem Gängelwagen, darin sie sie einsperreten, wagen durften; so zeigen sie ihnen nachher die Gefahr, die ihnen drohet, wenn sie es versuchen allein zu gehen. Nun ist diese Gefahr zwar eben so groß nicht, denn sie würden durch einigemahl Fallen wohl endlich gehen lernen; allein ein Beispiel von der Art macht doch schüchtern, und schrekt gemeiniglich von allen ferneren Versuchen ab.

Es ist also für jeden einzelnen Menschen schwer, sich aus der ihm beinahe zur Natur gewordenen Unmündigkeit herauszuarbeiten. Er hat sie sogar lieb gewonnen, und ist vor der Hand wirklich unfähig, sich seines eigenen Verstandes zu bedienen, weil man ihn niemals den Versuch davon machen ließ. Satzungen und Formeln, diese mechanischen Werkzeuge eines vernünftigen Gebrauchs oder vielmehr Mißbrauchs seiner Naturgaben, sind die Fußschellen einer immerwährenden Unmündigkeit. Wer sie auch abwürfe, würde dennoch auch über den schmalesten Graben einen nur unsicheren Sprung thun, weil er zu dergleichen freier Bewegung nicht gewöhnt ist. Daher gibt es nur Wenige, denen es gelungen ist, durch eigene Bearbeitung ihres Geistes sich aus der Unmündigkeit heraus zu wikkeln, und dennoch einen sicheren Gang zu thun.

Daß aber ein Publikum sich selbst aufkläre, ist eher möglich; ja es ist, wenn man ihm nur Freiheit läßt, beinahe unausbleiblich. Denn da werden sich immer einige Selbstdenkende, sogar unter den eingesetzten Vormündern des großen Haufens, finden, welche, nachdem sie das Joch der Unmündigkeit selbst abgeworfen haben, den Geist einer vernünftigen Schätzung des eigenen Werths und des Berufs jedes Menschen selbst zu denken um sich verbreiten werden. Besonders ist hiebei: daß das Publikum, welches zuvor von ihnen unter dieses Joch gebracht worden, sie hernach selbst zwingt darunter zu bleiben, wenn es von einigen seiner Vormünder, die selbst aller Aufklärung unfähig sind, dazu aufgewiegelt worden; so schädlich ist es Vorurtheile zu pflanzen, weil sie sich zuletzt an denen selbst rächen, die, oder deren Vorgänger, ihre Urheber gewesen sind. Daher kann ein Publikum nur langsam zur Aufklärung gelangen. Durch eine Revolution wird vielleicht wohl ein Abfall von persönlichem Despotism und gewinnsüchtiger oder herrschsüchtiger Bedrückung, aber niemals wahre Reform der Denkungsart zu Stande kommen; sondern neue Vorurtheile werden, eben sowohl als die alten, zum Leitbande des gedankenlosen großen Haufens dienen.

Zu dieser Aufklärung aber wird nichts erfordert als Freiheit; und zwar die unschädlichste unter allem, was nur Freiheit heißen mag, nämlich die: von seiner Vernunft in allen Stukken öffentlichen Gebrauch zu machen. (…)

Wenn denn nun gefragt wird: Leben wir jetzt in einem aufgeklärten Zeitalter? So ist die Antwort: Nein, aber wohl in einem Zeitalter der Aufklärung. Daß die Menschen, wie die Sachen jetzt stehen, im Ganzen genommen, schon im Stande wären, oder darin auch nur gesetzt werden könnten, in Religionsdingen sich ihres eigenen Verstandes ohne Leitung eines Andern sicher und gut zu bedienen, daran fehlt noch sehr viel. Allein, daß jetzt ihnen doch das Feld geöffnet wird, sich dahin frei zu bearbeiten, und die Hindernisse der allgemeinen Aufklärung, oder des Ausganges aus ihrer selbst verschuldeten Unmündigkeit, allmälig weniger werden, davon haben wir doch deutliche Anzeigen. In diesem Betracht ist dieses Zeitalter das Zeitalter der Aufklärung, oder das Jahrhundert Friederichs.

Ein Fürst, der es seiner nicht unwürdig findet, zu sagen: daß er es für Pflicht halte, in Religionsdingen den Menschen nichts vorzuschreiben, sondern ihnen darin volle Freiheit zu lassen, der also selbst den hochmüthigen Namen der Toleranz von sich ablehnt: ist selbst aufgeklärt, und verdient von der dankbaren Welt und Nachwelt als derjenige gepriesen zu werden, der zuerst das menschliche Geschlecht der Unmündigkeit, wenigstens von Seiten der Regierung, entschlug, und Jedem frei ließ, sich in allem, was Gewissensangelegenheit ist, seiner eigenen Vernunft zu bedienen.

I. Kant.

Königsberg in Preußen, den 30. Septemb. 1784.

Schülerblatt

Station II

Eine andere Antwort gibt die folgende Fabel (Berlinische Monatsschrift, November 1784, S. 480 – der Autor Z. ist vermutlich Friedrich Zöllner selbst):

Der Affe.
Ein Fabelchen.

Ein Affe stekt' einst einen Hain
Von Zedern Nachts in Brand,
und freute sich dann ungemein,
Als er's so helle fand.
„Kommt Brüder, seht, was ich vermag;
„Ich, – ich verwandle Nacht in Tag!

Die Brüder kamen groß und klein,
Bewunderten den Glanz
Und alle fingen an zu schrein:
Hoch lebe Bruder Hans!
Hans Affe ist des Nachruhms werth,
Er hat die Gegend aufgeklärt.

Z

- Wie beschreibt Z. den Prozess der Aufklärung?
- Welche Absicht des Autors können Sie erkennen?
- Warum gibt der Autor seinen Namen nicht preis?
- Warum wählt der Autor die Fabelform?
- Vergleichen Sie die Fabel mit dem Text Kants. Welche Aussage über die Aufklärung finden Sie überzeugender? Begründen Sie Ihre Entscheidung.

Station II

J.A. Eberhard: Über den Ursprung der Fabel von der weißen Frau.

(Berlinische Monatsschrift, Januar 1783, S. 5–21)

- Lesen Sie die folgende Abhandlung und fassen Sie den Inhalt jeden Abschnitts in wenigen Worten zusammen.
- Füllen Sie nach der Lektüre den Lückentext aus, um zu erklären, wie der Verfasser vorgeht, um seine Leserschaft über den Ursprung dieses Aberglaubens aufzuklären.

Inhalt

I

II

III

IV

V

VI

VII

VIII

IX

X ______________________________

____

____

XI ______________________________

____

____

XII ______________________________

____

____

XIII ______________________________

____

____

XIV ______________________________

____

____

XV ______________________________

____

____

XVI ______________________________

____

____

XVII ______________________________

____

____

XVIII ______________________________

____

Vorgehen

Der Verfasser will die weit verbreitete abergläubische Vorstellung nicht ______________ machen, sondern ____________________, um sie so bekämpfen zu können. Die der ________________ widersprechende Erscheinung der weißen Frau wird mit ______________________ Methoden analysiert: Vor langer Zeit trugen Witwen als Ausdruck ihrer Trauer weiße Kleidung, aus der Bemerkung „Bald wird es hier eine weiße Frau geben", die gemacht wurde, wenn ein Ehemann unheilbar erkrankt und mit seinem Tode zu rechnen war, entstand im Laufe der Zeit durch Hinzudichtung die abergläubische Vorstellung von einer den Tod ankündigenden weißen Frauengestalt. Durch Aufdeckung ihres kulturgeschichtlichen ______________________ gelingt es dem Verfasser, die abergläubische Vorstellung ____________________.

Schülerblatt

Station II

Ueber den Ursprung der Fabel von der weißen Frau.

I Unter allen Mitteln gegen den Aberglauben scheint mir keines sicherer als die Erforschung des Ursprunges der Legenden und Fabeln; wenigstens ist unleugbar, daß es am allgemeinsten kann angewendet werden. Viele Menschen, die man nicht ganz von der Thorheit aller Wundergeschichten, Herenmärchen und Geistererscheinungen überzeugen kann, weil es ihnen an philosophischem Geiste, oder an kritischem Scharfsinne, oder an historischen Kenntnissen fehlt, kann man doch wenigstens dahin bringen, daß sie einzelne Geschichtchen verwerfen müssen, so bald man ihnen zeigt, was zu der ersten Sage davon Gelegenheit gegeben, und ihre Ausbreitung befördert hat. Dieses Mittel hat schon mehrmahl sein Glük gemacht, und, – um aus so vielen nur ein Paar Beispiele anzuführen – kein Vernünftiger wird mehr an die h. Veronika und ihr Schweißtuch, worin das Angesicht des Heilandes abgedrukt ist, so wenig als an die Eilftausend Jungfern glauben, nachdem gelehrte Kunstrichter die Veranlassung zu der erstern Fabel in der Etymologie des Wortes (*) und zu der andern in der unrichtigen Art, wie man den Namen einer S. Undecimilla, oder der XI. M (artyres) Virgines gelesen hat, sehr richtig entdekt haben.

II Ich würde mich glücklich schätzen, wenn ich die Anzahl dieser entlarvten Fabeln vermehren könnte, indem ich auf eine einleuchtende Art zeigte, was zu dem Mährchen von der sogenannten weißen Frau Gelegenheit gegeben hat. Außer daß dadurch dem Reiche des Aberglaubens wiederum etwas würde abgenommen, das Reich der Wahrheit erweitert, und das Herz aufrichtiger Christen von einer unchristlichen Furcht befreiet werden: so könnte ich hoffen, daß dieser Versuch, wenn er glüklich ausfiele, vielleicht zu ähnlichen Versuchen würde Gelegenheit geben.

III Das Mährchen von der weißen Frau ist zu bekannt, als daß ich nöthig hätte es weitläufrig zu erzählen. Man giebt vor, daß an einigen Höfen zu gewissen Zeiten sich eine lange weibliche Gestalt sehen lasse, die man der langen weißen Kleider und Schleier wegen, mit denen sie umhüllet ist, die weiße Frau zu nennen pflegt. Der Aberglauben setzt hinzu, ihre Erscheinung sei allemal ein untrügliches Zeichen, daß irgend ein hohes Haupt an dem Hofe, wo sie sich sehen läßt, mit Tode abgehen werde. Der Ausgang hat diese Vorbedeutung unendlich oft widerlegt. Es sind Fürsten mit Tode abgegangen, ohne daß die prophetische Frau vorher erschienen; sie ist erschienen, ohne daß ein Todesfall erfolgt wäre, und man hat immer fortgefahren, an ihre weißagende Erscheinung zu glauben.

IV Man hat sogar die Fürstlichen Höfe genannt, an denen sie so freundschaftlich erscheinen soll; und das waren London, Koppenhagen, Stokholm, Berlin und einige andere; ja man hat endlich selbst den Weg, den sie auf ihrer Reise nimmt, so genau anzugeben gewußt, als wenn es die ausgemachteste Sache von der Welt wäre. Doch auch das ist noch nicht genug. Der Aberglauben, der mit seiner Leichtgläubigkeit selten auf halbem Wege stehen zu bleiben pflegt, hat sich einen so vollständigen Roman über diese prophetische Erscheinung aufheften lassen, daß man die Zeit, wenn sie gelebt, ihr Geschlecht, ihren Namen, und ihre ganze Geschichte anzugeben und zu erzählen weiß. Dieser Roman lautet also:

V Die weiße Frau, – erzählt die Legende, – hieß bei ihrem Leben Perchta, und war eine gebohrne Gräfin von Rosenberg aus

---

(*) Ex his intelligieur, Veronice vocabulain effe imaginis, non mulieris, tracto ince erymo, quali dicercrur vera icon, feu iconia, et contractis in unum vocabulum litteris, Veronica. Mabillon Mulmum ital. T. I. p. 86, 87.

Böhmen. Sie ward ungefähr ums Jahr 1420 gebohren. Im Jahr 1449 ward sie am Sonntage vor Martini mit Johann von Lichtenstein vermählt. Sie hatte ihre Hand einem Unwürdigen gegeben; denn sie durchlebte mit diesem Joh. von Lichtenstein eine höchst jammervolle Ehe, die sich endlich mit dem Tode ihres grausamen Gemahls endigte. Er starb, und nach seinem Tode begab sie sich zu ihrem Bruder, allein auch dieser starb bald, und ihr blieb nach seinem Absterben die Pflicht, seine Kinder zu erziehen. Dieser Pflicht unterzog sie sich mit aller möglichen Sorgfalt, und so brachte sie ihr übriges Leben bis an ihren Tod in frommer Abgeschiedenheit zu. So wie sie ihr Leben in Erduldung vieler Leiden, und in Erfüllung schwerer Pflichten zugebracht hatte, so widmete sie sich noch nach ihrem Tode der traurigen Pflicht, ihrer Familie, ja auch den Fürstlichen Höfen, mit denen sie weitläutig verwandt war, den Dienst zu erweisen, und die daselbst sich ereignenden, – wohl bemerkt – männlichen Todesfälle – es läßt sich schwerlich sagen cui bono? – durch ihre Erscheinung voraus anzudeuten. (*)

VI Ich bitte meine Leser sogleich zum voraus auf dem Umstand aufmerksam zu seyn, daß sie nur die männlichen Todesfälle prophezeihete; dieser Umstand wird uns vielleicht auf die Spur bringen, auf der wir zu der Quelle des ganzen Mährchens gelangen. In diesem Punkte kommen alle angesehenen Gewährsmänner ihrer prophetischen Erscheinungen überein. Und ich weiß nicht, ob ich nicht noch hinzusetzen darf, daß sie vorzüglich den Tod der Häupter der Familien anzeige. Wenn dieser Umstand seine Richtigkeit hätte: so würde er meine Auflösung des Räthsels noch mehr bestätigen. Indes glaub ich ihn in folgender Erzählung eines angesehenen, frommen und gelehrten Mannen augenscheinlich mit zu finden. Ich trage desto weniger Bedenken, sie hier ganz herzusetzen, da die Beschreibung ihrer Gestalt und Kleidung, die darin vorkömmt, ganz auf meine bald folgende Erklärung der Fabel zu passen scheint. In der Leichenpredigt auf den Churfürsten Johann Sigismund von Brandenburg erzählt der damalige Hofprediger Johann Vergius: „Nach Mittage fragten endlich Se. Fürstl. Gnaden, ob man auch die weiße Frau wieder gesehen. Und zwar es hatte nicht allein dieselbige Tage, sondern auch die ganze Zeit her, in welcher der höchste Gott das Haus Brandenburg mit so manchen Todesfällen heimgesucht, ein solch Gesicht in weiß leidtragender Gestalt, auf dem Churfürstl. Hause zu unterschiedenen Mahlen allerhand Standes und Alters auch Fürstlichen Personen, jedoch ohne schädlichen Schrekken oder Jemandes Verletzung sich sehen lassen, also daß man nicht mehr daran zu zweifeln, wiewohl auch unter dem gemeinen Volke viel dazu gesichtet und hin und wieder sparziret worden. Was aber davon zu halten, ob es ein Gesicht eines guten oder bösen Engels, oder vielmehr einer verstorbenen Seelen (wie man im Pabstthumb fürgegeben,) oder ob es sonst nur ein merum phantasma sei, leidet die Zeit nicht, daß ich meine Gedanken erkläre. So viel mögen wir versichert seyn, daß solches Gesicht nicht ohne Verhängniß Gottes geschehen, daß es auch Gott nicht zum Bösen, sondern zum guten Ende verhänge, zur Warnung denen, die sonst öfters nur allzu sicher dahin leben; und folget doch nicht, daß eben ein Todesfall darauf erfolgen müsse, sondern wenn Gott solche Warnung zuschicket, so thut ers zu dem Ende, daß wir, nach dem Exempel des Königs Hislich, durch emsiges Gebet und zeitliche Buße das angedrohete Unglük entweder abwenden,

(*) Diese Erzählung ist gezogen aus Johann Christoph Nagels Differt. de celebri fpcctro, quod vulggo die weiße Frau nominant. Königsberg 1723, woraus sie auch schon der neueste Uebersetzer von Baiehofar Beckers bezauberten Welt, Leipzig 1781, Johann Moriz Schwager im r. Th. S. 185, 186 in der Anmerkung angeführt hat. Der Königsbergische Schrifsteller hält die weiße Frau noch für ein gutartiges Gespenst.

Station II

oder ja desto besser uns dazu bereit halten mögen. – Als nun dennoch Se. Fürstl. Gnaden danach gefraget, habe ich geantwortet: Sie hätten sich wegen der weißen Frau nicht zu fürchten, sie würde Deroselben nicht schaden können, u. s. w. (...)

VII Eine so wohl bescheinigte Erscheinung für ein Mährchen zu erklären, würde vermessen seyn, wenn man nicht wüßte, wie sehr die menschliche Einbildungskraft alles das zu sehen im Stande ist, wozu sie einmal durch die Vorurtheile des Verstandes gestimmt ist. In den Zeiten, wo man noch an Gespenster und Hexen glaubte, sah jedermann in der Mitternachtsstunde in jedem Winkel ein Gespenst, man erklärte jede alte Frau für eine Hexe. Die Erzählung des Hofprediger Bergius hält mich also nicht ab, die Erscheinung der weißen Frau für eine Täuschung der Einbildungskraft und alle Geschichten von ihr für Mährchen zu erklären, ja ich finde in derselben verschiedene Umstände, die meine Vermuthung, welche ich dem Leser sogleich mittheilen werde, bestätigen helfen.

VIII Wie ist also dieses Mährchen entstanden? Ich glaube nicht anders, als so wie der Wahn entstanden ist; daß es eine übele Vorbedeutung sei, wenn einem Reisenden ein Hase über den Weg läuft. Es ist nicht gut, hat man gesagt, daß der Hase über den Weg läuft; es ist besser, wenn er gebraten in der Schüssel liegt. Diesen Ursprung hat man vergessen, und der Aberglaube hat sich gefreut, zu seinem prognostischen Gesetzbuche eine neue Vorbedeutung hinzu zu thun. Ich sage, auf eben die Art ist das Mährchen von der weißen Frau entstanden. Die Erscheinung einer weißen Frau am Hofe bedeutete einen hohen Todesfall, das ist in einem gewissen Sinne richtig. Diesen Sinn hat man vergessen, und diese unschuldige Redensart hat dem Aberglauben Gelegenheit gegeben, die Erscheinung der weißen Frau zu einem vorbedeutenden Gespenste umzuschaffen.

IX Welches ist aber diese unschuldige Redensart? Um diese Frage beantworten zu können, muß ich etwas weiter ausholen.

X Die Geschichte sagt uns, daß in den mittlern Zeiten die Trauer einer Fürstin und Königin um ihren verstorbenen Gemahl in einer weißen Tracht bestand. Ich bin nicht im Stande genau anzugeben, wenn diese Mode abgekommen ist, und wenn an jedem Hofe die weiße Trauer der schwarzen Plaz gemacht hat. Von dem einzigen Castilianischen Hofe hat uns Ferrera aufbehalten, daß die weiße Trauer an demselben gegen das Ende des funfzehnten Jahrhunderts abgekommen sei, und daß der letzte Prinz, der damit betrauert worden, Don Juan gewesen. Es war ferner gewöhnlich, daß die verwittwete Fürstin, von dem Tode ihres Gemahls an, sich nicht anders als in Trauer kleidete. Eine natürlich Folge von dieser Mode war, daß man die fürstlichen Wittwen weiße Frauen nannte, und daß also, so lange die fürstliche Wittwe lebte, eine weiße Frau, oder eine weiße Königin sich am Hofe befand. Von dem französischen Hofe wissen wir es gewiß, daß man die verwittwete Königin an dem Hofe war, zum Unterschiede, la Reine Blanche, (die weiße Königin) nannte, und an diesem Hofe muß auch die weiße Trauer noch länger gedauert haben, wenn es wahr ist, daß noch Heinrich der Dritte von seiner Gemahlin ist weiß betrauret worden.(*)

XI Der Schriftsteller, aus dem Carpentier diese Nachricht anführt, sezt hinzu: daß die Geschichtschreiber der Mutter Ludewig des Heiligen mit Unrecht den Nahmen Blanche beilegen, sie habe eigentlich Clementia geheissen, und der Nahme Blanche sey ihr eigentlich wegen Ihres langen Wittwenstandes beigelegt worden. Eine Stelle, welche die Nachricht, daß die königlichen Wittwen die weißen Königinnen geheißen, unum-

(*) E. Carpenteri Glossarium v. Blanca

Station II

stößlich beweiset, habe ich in dem alten berühmten Roman du Chevalier aux Cygnes gefunden, und ich wundere mich, daß sie Carpentiers Fleiße und Aufmerksamkeit entgangen ist. Dieser Roman ist wenigstens aus dem vierzehnten Jahrhundert, und enthält eine fabelhafte Geschichte der Abstammung des berühmten Gottfried von Bouillon, des Anführers des ersten Kreuzzuges und ersten Königes von Jerusalem. Er war ursprünglich in Versen geschrieben, man hat ihn aber auch in Proso, und so ist er etwas verändert von Pierre Desray im Jahr 1499 gedruckt worden. (*)

XII Die Mutter des Königs Oriant hieß Matbrune, sie wird aber als verwittwete Königin in dem Roman des Schwanenritters die weiße Königin (la Royne Blanche) genannt. Der Herausgeber der angeführten Memoires tirés d'une grande Bibliotheque macht dabei die Anmerkung, „daß man noch im vierzehnten Jahrhunderte die verwittweten Königinnen so zu nennen pflegte, es sei zum Andenken der Königin Blanca, Mutter des h. Ludewigs, oder weil sie immer in Nonnenschleier, und weiße Florkappen gehüllet waren, und eine immerwährende Trauer durch ihren ganzen Wittwenstand trugen." Die erstere Vermuthung muß aber wegfallen, so bald man annimt, daß die Mutter Ludewigs des Heiligen selbst wegen ihrer langen Wittwentrauer la Reine Blanche (die weiße Königin) und nicht die Königin Blanca sei genannt worden, wie das aus der obenangeführten Stelle des Carpentier erhellet.

XIII Ich glaube meine Leser werden nun schon meine Auflösung der Aufgabe über den Ursprung von der weißen Frau von selbst gerathen haben. Es würde also ihrem Scharfsinne vorgreifen heißen, wenn ich noch hinzusetzen wollte, die Redensart: die weiße Frau wird bald bei Hofe erscheinen, habe nichts anders bedeutet, als: es werde bald eine fürstliche Wittwe am Hofe sein, es werde sich also bald ein hoher Todesfall ereignen. Ich hoffe, man werde den Uebergang von dieser figürlichen Redensart auf die vor dem Todesfalle hergehende Erscheinung eines Gespenstes von einer weißen Frau, und auf ihre prophetische Mißdeutung nicht zu jähe finden. Wenn wir den Ursprung der Fabeln allezeit aus so wahrscheinlichen Hypothesen erklären könnten, so würden wir endlich immer mehr die Geschichte von Fabeln säubern, und den Täuschungen des Aberglaubens vorbauen. Daß man bei der unheilbaren oder gefährlichen Krankheit eines Fürsten seine Fürstin sich als Wittwe vorstelle, daß die besorgten und bekümmerten Gemüther das, was sie blos besorgen können, schon zu sehen glauben, daß sie dann das Gesicht für eine Vorbedeutung halten, ist dem natürlichen Gange der menschlichen Seele so gemäß, daß man sich nicht wundern darf, wenn dieses unendlich oft in der Welt geschieht.

XIV Man mag meine Erklärung übrigens halten, für was man will: so hat sie doch den Vortheil, daß sie sich in den ganzen Zusammenhang aller Umstände, die man von dieser vorbedeutenden Erscheinung anführt, am besten paßt. Ich habe oben als einen Hauptumstand bemerkt, daß nach dem Volksglauben die Erscheinung der weißen Frau einen männlichen Todesfall bedeute. Dieser Umstand läßt sich beinahe nicht begreifen, wenn man nicht annimmt, daß die weiße Frau, ihren Ursprung von einer Wittwe habe.

XV Die Überlieferung sagt ferner: die weiße Frau erscheine in weißkleidtragender Gestalt. Ich kann darunter nichts anders verstehen, als in den großen langen schleppenden Kleidern, mit den überhangenden Schleiern, so wie man sie jetzt von schwarzer Farbe trägt, wie sie aber zur Zeit des Ursprunges der Fabel von weißer Farbe getragen wurden.

(*) Einen Auszug aus demselben findet man in den Melanges tirés d'une graude Bibliotheque Lett F.S. 4.

Schülerblatt

Station II

XVI Diese Schleier sind augenscheinlich von den Nonnen hergenommen, deren Kleidung die verwittweten Fürstinnen aus guten Gründen nachahmten; da sie das Andenken ihres Gemahles nicht besser, als durch eine gänzliche Abgeschiedenheit von der Welt ehren und die Größe ihres Verlustes nicht besser zu erkennen geben konnten, als wenn sie die Kleidung der Gottvermählten nachahmten, und dadurch bekannten, daß, nachdem sie ihren fürstlichen Gemahl verlohren, nun kein Sterblicher mehr, – nur der Höchste allein – seine Stelle in ihrem Herzen einnehmen könne.

XVII Es wird, denke ich, niemand von mir verlangen, daß ich Schritt für Schritt zeige, wie aus einem so geringen Ursprunge eine so umständliche Geschichte habe entstehen können, als wir von der vorgegebenen weißen Frau oben angeführt haben. Nichts ist leichter und gewöhnlicher, als eine Fabel, wenn einmahl der Grund dazu gelegt ist, durch weitläuftige Erdichtungen weiter aufzuschwellen, und durch die genauste Umständlichkeit noch ferner auszuschmücken. Nachdem einmahl die Sage von den Eilftausend Jungfrauen Glauben gefunden hatte, so fand sich bald ein fruchtbarer Legendenschreiber, der ihre Thaten, ihr Vaterland, ihre Kriegeszüge, Anführer u.s.w. so genau zu beschreiben wußte, als wenn er ihren Feldzügen selbst mit beigewohnt hätte. (…)

XVIII Ich müßte nicht wissen, welche Stärke der Beweise man für eine historisch gewisse Wahrheit mit Recht verlangen könne, wenn ich das Resultat meiner Untersuchungen über die weiße Frau für etwas mehr als eine bloße, aber ziemlich wahrscheinliche Vermuthung ausgeben wollte. So schwach indeß diese Wahrscheinlichkeit immer sein mag, so giebt sie uns doch immer eine mögliche Art an die Hand, das Entstehen und Ausbreiten einer solchen abergläubischen Ueberlieferung zu erklären, und entkräftet also die Beweise, womit der Aberglaube seinem Wahne ein Gewicht zu geben glaubt.

Joh. Aug. Eberhard.

Max Horkheimer, Theodor W. Adorno: Dialektik der Aufklärung

Seit je hat Aufklärung im umfassendsten Sinn fortschreitenden Denkens das Ziel verfolgt, von den Menschen die Furcht zu nehmen und sie als Herren einzusetzen. Aber die vollends aufgeklärte Erde strahlt im Zeichen triumphalen Unheils. Das Programm der Aufklärung war die Entzauberung der Welt. Sie wollte die Mythen auflösen und Einbildung durch Wissen stürzen. Bacon, „der Vater der experimentellen Philosophie“[1], hat die Motive schon versammelt. Er verachtet die Adepten der Tradition, die „zuerst glauben, dass andere wissen, was sie nicht wissen; und nachher, dass sie selbst wissen, was sie nicht wissen. Leichtgläubigkeit jedoch, Widerwille gegen den Zweifel, Unbesonnenheit im Antworten, Prahlerei mit Bildung, Scheu zu widersprechen, Interessiertheit, Lässigkeit in eigener Forschung, Wortfetischismus, Stehenbleiben bei bloßen Teilerkenntnissen: dies und Ähnliches hat die glückliche Ehe des menschlichen Verstandes mit der Natur der Dinge verhindert, und ihn statt dessen an eitle Begriffe und planlose Experimente verkuppelt: die Furcht und Nachkommenschaft einer so rühmlichen Verbindung kann man sich leicht vorstellen. Die Druckerpresse, eine grobe Erfindung; die Kanone, eine die schon nahe lag; der Kompass, in gewissem Grad bereits früher bekannt: welche Veränderung haben nicht diese drei hervorgebracht – die eine im Zustand der Wissenschaft, die andere in dem des Krieges, die dritte in dem der Finanzen, des Handels und der Schifffahrt! Und auf diese, sage ich, ist man nur zufällig gestolpert und gestoßen. Also die Überlegenheit des Menschen liegt im Wissen, das duldet keinen Zweifel. Darin sind viele Dinge aufbewahrt, welche Könige mit all ihren Schätzen nicht kaufen können, über die ihr Befehl nicht gebietet, von denen ihre Kundschafter und Zuträger keine Nachricht bringen, zu deren Ursprungsländern ihre Seefahrer und Entdecker nicht segeln können. Heute beherrschen wir die Natur in unserer bloßen Meinung und sind ihrem Zwang unterworfen; ließen wir uns jedoch von ihr in der Erfingung leiten, so würden wir ihr in der Praxis gebieten.“[2]

Trotz seiner Fremdheit zur Mathematik hat Bacon die Gesinnung der Wissenschaft, die auf ihn folgte, gut getroffen. Die glückliche Ehe zwischen dem menschlichen Verstand und der Natur der Dinge, die er im Sinne hat, ist patriarchal: der Verstand, der den Aberglauben besiegt, soll über die entzauberte Natur gebieten. Das Wissen, das Macht ist, kennt keine Schranken, weder in der Versklavung der Kreatur noch in der Willfährigkeit gegen die Herren der Welt. Wie allen Zwecken der bürgerlichen Wirtschaft in der Fabrik und auf dem Schlachtfeld, so steht es den Unternehmenden ohne Ansehen der Herkunft zu Gebot. Die Könige verfügen über die Technik nicht unmittelbarer als die Kaufleute: sie ist so demokratisch wie das Wirtschaftssystem, mit dem sie sich entfaltet. Technik ist das Wesen dieses Wissens. Es zielt nicht auf Begriffe und Bilder, nicht auf das Glück der Einsicht, sondern auf Methode, Ausnutzung der Arbeit anderer, Kapital. Die vielen Dinge, die es nach Bacon noch aufbewahrt, sind selbst wieder nur Instrumente: das Radio als sublimierte Druckerpresse, das Sturzkampfflugzeug als wirksamere Artillerie, die Fernsteuerung als der verlässlicher Kompass. Was die Menschen von der Natur lernen wollen, ist, sie anzuwenden, um sie und die Menschen vollends zu beherrschen. Nichts anderes gilt. Rücksichtslos gegen sich selbst hat die Aufklärung noch den letzten Rest ihres eigenen Selbstbewusstseins ausgebrannt. Nur solches Denken ist hart genug, die Mythen zu zerbrechen, das sich selbst Gewalt antut.

---

1 Voltaire: Lettrex philosophiques XII. Oeuvres complètes, Ed. Garier, Paris 1879, Band XXII, S. 118.

2 Bacon: In Praise of Knowledge, London 1825, Band 1, S. 254.

Station III: Literarische Formen

Material/Textgrundlage:
Textblatt „Kleine Formen"

Obligatorische Aufgaben:

a) Bearbeiten Sie die Textblätter „Kleine Formen".

b) Lesen Sie die anderen literarischen Texte (erneut), die der Lernzirkel enthält. Inwiefern sind sie von gesellschaftlichen, politschen und kulturellen Gegebenheiten beeinflusst?

c) Die Lyrik spielt in der Aufklärung keine sehr große Rolle. Woran liegt das? Suchen Sie nach einer Erklärung.

d) Informieren Sie sich über die Situation des Theaters zu Beginn des 18. Jahrhunderts. Wo wurde gespielt, welche Stücke wurden gespielt, welches Publikum wurde angesprochen?

e) Wie sieht die Situation des Theaters am Ende des 18. Jahrhunderts aus? Was hat sich verändert? Wie erklären Sie sich das?

Fakultative Aufgaben:

f) Entscheiden Sie: Würden Sie alle im Lernzirkel vorgestellten Texte aus der Berlinischen Monatsschrift als Literatur bezeichnen? Begründen Sie Ihre Entscheidung.

g) Was bedeutet „Aufklärung" für Sie? Formulieren Sie Ihre Vorstellungen als Fabel oder Aphorismus.

Station III

Kleine Formen

In der Berlinischen Monatsschrift finden sich immer wieder auch literarische Beiträge, so beispielsweise Fabeln (Lessing, Januar 1796), Lyrik (Gleim, z. B. Januar 1790), Romanauszüge (Moritz, Oktober 1783), da die Aufklärer auch in der Literatur eine Möglichkeit sahen, ihre Ideen vorzustellen. Belehrende und kritische Texte wurden in großer Zahl verfasst, v. a. kleine Formen gewannen an Bedeutung, da sie gut in die Zeitschriften integriert werden und dadurch weite Verbreitung finden konnten.

I. Die Fabel

Der ____________________ mit dem __________________ . Als einst der ______________ mit dem grauen __________________ , das ihm mit großer Stimme seinen Raub zusammenjagte, nach dem Walde ging, rief eine ___________ von dem nächsten Baum: „Ein herrlicher Gefährte! Schämst du dich denn nicht, mit einem __________ umzugehn?“
Der __________ erwiderte: „Den duld ich gern an meiner Seite, wen ich brauchen kann.“

So denken __________ , wenn sie Niedrige der __________ ihres Umgangs würdigen.

(Ramler, Nachdichtung einer Fabel von Lessing, Berlinische Monatsschrift, Januar 1796)

1. Füllen Sie die Lücken. Von welchen Tieren ist hier die Rede? Begründen Sie Ihre Wahl.

2. Welche menschlichen Verhaltensweisen stellt Lessing bloß? Kritisiert er nur den Adel oder auch das Volk? Woran erkennen Sie das?

3. Welche Lehre sollen die Leser aus der Fabel ziehen? Formulieren Sie die Moral in eigenen Worten.

Schülerblatt

Station III

II. Der Aphorismus

Es ist fast unmöglich, die Fackel der Weisheit durch ein Gedränge zu tragen, ohnen jemandem den Bart zu sengen.

Es gibt Leute, die glauben, alles wäre vernünftig, was man mit einem ernsthaften Gesicht tut.

Es hatte die Wirkung, die gemeiniglich gute Bücher haben. Es machte die Einfältigen einfältiger, die Klugen klüger und die übrigen Tausende blieben ungeändert.

Der Mann hat so viel Verstand, dass er fast zu nichts mehr in der Welt zu gebrauchen war.

Was man so sehr prächtig Sonnenstäubchen nennt sind doch eigentlich Dreckstäubchen.

Es lässt sich ohne sonderlich viel Witz so schreiben, dass ein anderer sehr vielen haben muss, es zu verstehen.

Sagt, ist noch ein Land außer Deutschland, wo man die Nase eher rümpfen lernt als putzen?

Es tun mir viele Sachen weh, die anderen nur Leid tun.

Es kann nicht alles ganz richtig sein in der Welt, weil die Menschen noch mit Betrügereien regieret werden müssen.

Wenn ein Buch und ein Kopf zusammenstoßen und es klingt hohl, ist das allemal im Buch?

Georg Christoph Lichtenberg – aus den „Sudelbüchern" (1800–1806)

1. Welcher Aphorismus gefällt Ihnen am besten? Warum?

2. Zu welchen Bereichen des Lebens nehmen die Aphorismen Stellung? Welche Themen greifen sie auf?

3. Welche sprachlichen und stilistischen Mittel zeichnen den Aphorismus aus? Woher kommt seine pointierte Wirkung?

4. Welche Ideen und Gedanken der Aufklärung werden in diesen Aphorismen aufgegriffen?

5. Definieren Sie den Begriff *Aphorismus.*

Schülerblatt

Station III

III. Die Satire

Die Satire ist eine Textform, die durch Ironie, Spott und Übertreibung bestimmte Personen, die der Leserschaft bekannt sind, aber auch Anschauungen, Ereignisse oder Zustände kritisiert oder lächerlich macht.

1. Lesen Sie „Rosts Satire auf Gottsched." (Berlinische Monatsschrift, Januar 1805, S. 31–41).

2. Wie ist der Text aufgebaut?

3. Von wem handelt der Text? Informieren Sie sich über diese Person.

4. Wie wird die Person charakterisiert?

5. Was ist die Absicht der beiden Autoren? An welches Publikum wenden sie sich?

6. Wie realisieren sie ihr Anliegen sprachlich? Welche satirischen Elemente finden sich im Text?

7. Ist der Text Ihrer Meinung nach repräsentativ für die Aufklärung?

2.
Rost's Satire auf Gottsched.

Ich habe oben S. 14 ein sehr drolliges Gedicht erwähnt, welches Rost im J. 1754 auf Gottsched wegen der komischen Oper „der Teufel ist los" machte. Gottsched, dem bloß das Verdienst zukommt, daß er sich zuerst um die Reinigkeit der Deutschen Sprache bekümmerte, zu einer Zeit wo eben so schlechte Schriftsteller als er, die Sprache durch fremde Worte verhunzen, war übrigens ein Mann ohne alles Talent, schrieb weitschweifig, platt, und gab die elendesten und abenteuerlichsten Reimereien für Poesie aus. Dennoch hatte er eine ziemliche Zeit den ärgsten Despotismus über die Deutsche Literatur ausgeübt, und die besten Deutschen Dichter, welche sich nach und nach zu zeigen anfingen, verachtet. Sein Ansehn sank aber damal schon sehr, indem theils die Streitschriften der Schweizer Bodmer und Breitinger dem Deutschen vernünftigen Publikum die Augen öfneten, theils Männer wie Haller, Hagedorn, Gellert, mehrere Verfasser der Bremischen Beiträge, Joh. Elias Schlegel, Rost, Liecow, Rabener u. a. aufstanden, wodurch ein besserer Geist in die Deutsche Poesie und Prosa kam. Er wollte indeß seine Herrschaft über die Literatur noch durchaus emporhalten, und gebrauchte dazu bloß leere und meist sehr ungeschliffene Machtsprüche, in feinen Journalen, und in manchen kleinen Schriften seiner Jünger. Dies zog ihm von den damaligen besten Köpfen mancherlei Satiren zu, worin seine dunkelvolle Eitelkeit bloßgestellt ward. Darunter gehört hauptsächlich Rosts erwähnte Satire in Knittelversen bei Gelegenheit des lächerlichen Zorns, welchen Gottsched über die unschuldige Operette der Teufel ist los herausgesprudelt hatte. – Es ist nicht zu begreifen, warum dies witzige Stück nicht in Rosts „Gesammelte Schriften" ist aufgenommen worden. Man hat doch sein Vorspiel, ein episches Gedicht, ebenfalls eine durch Theaterstreitigkeiten entstandne persönliche Satire auf Gottsched, worin aber bei weitem nicht so viel Geist ist, dort wieder abdrucken lassen. Jenes Schreiben des Teufels findet sich nur in einer itzt beinahe ganz vergessenen, mit schlechter Auswahl gemachten, Sammlung kleiner Deutscher Gedichte*). Aber auch da ist es durch falsche Lesarten und falsche Interpunktionen ganz entstellt. Ich glaube also bei den Liebhabern der Geschichte der Deutschen Poesie einigen Dank zu verdienen, wenn ich dieses drollige Gedicht nach einer richtigern, von dem gedruckten Originalexemplar genommenen, Abschrift hier liefere: nicht um Gottscheds Person, oder um des damaligen Streits willen, sondern wegen des heitern satirischen Geistes welcher darin herrscht, und welcher im J. 1754 noch viel seltener war als er itzt allenfalls sein mögte.

Vorher will ich noch eine kleine Geschichte erzählen, wodurch diese Satire zufälligerweise dem ehrlichen Professor eine noch viel härtere und in ihrer Art einzige Strafe bereitete. Rost war damal Sekretär des Premierministers Grafen von Brühl, welcher gewöhnlich in jeder Messe mit dem König von Polen nach Leipzig kam. Ein paar Wochen vor der Messe ward die Satire zu Dresden auf einem Bogen in Kleinfolio gedruckt, daselbst und in Leipzig unentgeldlich ausgegeben, ging aus Hand in Hand, ward allgemein belacht, und – brachte Gottsched vor Zorn außer sich. Er eilte, sobald der Minister in Leipzig angekommen war, schon am andern Morgen zu demselben, um seine Beschwerde über Rosten anzubringen, den er sofort als Verfasser errathen hatte. Dieser war indeß so vorsichtig gewesen, sein Gedicht dem Grafen ungedruckt vorzulesen, und hatte von ihm eine stillschweigende Erlaubniß erhalten es drucken zu lassen. Als sich Gottsched melden ließ, arbeitete der Minister eben mit seinem Sekretar, und hieß diesem bleiben, weil er schon vermuthete was ihm sollte vorgetragen werden. Gott-

*) In Ch. J. Schmid's „Anthologie der Deutschen:" Th. 1 (Leipz. 1770), S. 217.

sched, da er Rosten im Zimmer erblickte, gerieth noch mehr in Wuth, und fast ganz außer Fassung. Der Minister empfing ihn sehr freundlich, und behielt die ganze Zeit hindurch eine absichtliche Gelassenheit. Jener fuhr sogleich heraus: „Ew Excellenz werden wohl gehört haben, was für ein abscheuliches Pasquill ein ehrvergessener Mensch“ (hier sah er Rosten mit funkelnden Augen an) „wider mich hat drohen lassen.“ Der Minister that ganz befremdet, und antwortete dem Professor, der immer fortfuhr, wegen des entsetzlichen Attentats Genugthuung zu fordern: daß Er in einer Sache die er nicht kenne, nichts zu verfügen im Stande sei. Auf diesen Fall hatte G. die Satire zu sich gesteckt, und überreichte sie. Der Minister fragte gleichgültig: „Lesen Sie mir das Ding doch vor, damit ich weiß was es ist.“ Gottsched trat zwei Schritte zurück, und bat: Se Excellenz mögten ihn damit verschonen. „Mein Sekretar,“ versetzte der Minister, „könnte es auch wohl vorlesen; aber er liest nicht so gut wie Sie; lesen Sie nur, Herr Professor.“ Der arme Mann trauete sich nicht, dem allgebietenden ersten Minister ungehorsam zu sein, und las also die Satire auf sich selbst dem Verfasser derselben mit verbissener Wuth, aber mit größter Emphase vor, um die stärksten Stellen dem Minister recht merklich zu machen. Die Situazion konnte nicht komischer sein. Als die Lektur geendigt war, sagte der Graf Brühl ganz ruhig: „Das ist ja nichts als eine Posse. Wenn ich in Ihrer Stelle wäre, Herr Professor, so thäte ich, als wenn ich nichts davon wüßte.“ Und das war der ganze Bescheid.

Diese Anekdote erzählte mir Rabener, welcher Rosts guter Freund, und zuletzt sein Kollege war: denn Rost ward Obersteuersekretar, und Rabener Steuerrevisor.

Berlin. Fr. Nicolai.

Der Teufel an den Hrn Professor.

Herr Professor, hör Er doch an!
Was hab' ich armer Teufel gethan,
Da ich jüngst einmal los gewesen,
Daß Er mit Seinem Kunstrichterbesen,
Als ein großer baumstarker Knecht,
Nach mir geworfen? Das ist nicht recht.
Zweierlei wird er hier auf Erden,
Gelehrt und klug, wohl niemals werden.
Denn in Alles mengt Er sich keck,
Wie unter'n Pfeffer der Mäusedreck; –
Dieses mit allem Respekt zu sagen,
Wie es gewöhnlich in unsern Tagen. –
Oder, wer Ihn will machen gescheid,
Will wiederbringen vergangene Zeit,
Oder schneeweiß waschen den Mohren,
Der hat Müh' und Arbeit verloren.
Drum hab' ich noch zu guter letzt
Reimweis dies an Ihn aufgesetzt,
Seine Kolb' Ihm einmal zu lausen,
Bevor ich komm' Ihn recht zu zausen.
Er schreibt und schmiert wider Groß und Klein
Ohn Verstand in den Tag hinein:
Hebet an, mit schnaubender Nasen,
Zu wüthen, toben, lästern, rasen
Auf mich und meine Familia,
Meine Kind' in der Opera.
Kommt da hinter dem armen Rochen
Krokodilisch einher gekrochen;
Ihm nach desselben Weiblein zart
Wässert das Maul, wackelt der Bart.
Umsonst! Er thut ob dem Verführen
An dem Weiblein Verachtung spüren.
„Sieh dich an!“ spricht sie: „könnt' ich auch
„Nur an meinem Mann solch Übel thun,
„So würd' ich doch dich garstigen Riesen
„Zu meiner Buhlschaft nicht erkiesen!“
Er sagt kein' Silb', geschweig' ein Wort,
Geht grimmig voller Rache fort;
Sträubet sich wie Murner der Kater,
Lauert auf Rochen und sein Theater.

Schülerblatt

Station III

Auf demselben sah Er nun mich
Herumspazieren; das merkt Er sich,
Machet – ist das nicht Sünd' und Schande? –
Darüber ein'n Lärm im ganzen Lande,
Schreit: „Lieben Leut, welch Unglück groß?
Allhier bei Rochen der Teufel ist los!"
Nicht genug. Meine Kind' in Opera
Von hinten und vorn thut Er beschnopern;
Schnauzt sie an, als wären sie Pack,
Wie der Eber den Bettelsack.
Die armen Kind'. Soll's mich nicht schmerzen:
Sie kommen von, und gehn zu Herzen.

Aber Ihm soll das Licht dafür
Halten mein Bruder nach Gebühr.
Ihn ganz zu hol'n, ist noch zu frühe,
Ist auch keine Kunst, lohnt nicht der Mühe.
Fuhren mein' Ahnherrn ohne Scheu
Einst in der Bergesener Säu:
So kann ja wohl mit Haut und Haaren
Mein Bruder in ein'n Professor fahren.
Der soll Ihn dann unter der Perrück'n
Ganz erbärmlich nagen und zwick'n;
Ja ihn zeitlebens reiten, und treiben
Bald lateinisch bald Deutsch zu schreiben,
Durch tolle Schrift'n und Schnitzer viel
Noch zu werden zum Kinderspiel;
Damit das liebe Herr Patrönchen
Sich gar bring' uns Reputaziönchen,
Bis die Jungen vom Sperlingsberg*)
Hinter dem Herrn von Königsberg**)

*) Gottsched wohnte zu Leipzig im Breitkopfschen Hause, am Ende des alten Neumarktes. Dessen oberer Theil heißt der Sperlingsberg.
**) G. war aus Königsberg in Preußen gebürtig.

Groß' und kleine kommen zu Haufen
Auf der Gassen einher gelaufen,
Schreiend: „Wie grimmig ist der Bär,
Wenn er von Zotens Hof*) kömmt her."

Denn, wenn man den Professor nähmte,
Und thät' Ihn in ein Schul, so käme
Der so gelehrte Herr Hopsasa
Kaum zu sitzen in Terzia.
Der Mann denkt aber doch indessen,
Er hab' die Weisheit all' gefressen,
Schimpft, tadelt ungeschliffen; droh
Ich auch mit Ihm itzt red sehr grob,
Als einem Gelehrten vom Stamm-Ende**);
Dessen klopf' ich in beide Hände!

Hol' ich Ihn einst, so soll Er mir
Mein'n Braten wenden für und für.
Denn wir brauchen in unsrer Höllen
Ohndies hiezu ein'n starken Gesellen,
Der nicht viel denkt, und mit der Hand
Fix und recht tüchtig ist gewandt***).
Sei Er ruhig, eß' Er und trink' Er,
Den hübschen jungen Mädchen wink' Er!****)
Schreib' Er fleißig Bücher, mein Sohn!
Endlich aus Desperazion
Kömmt Er, des hab' ich keinen Zweifel,
Noch in mein' Händ'. Ich bin

Sein

Teufel.

*) Zorens Hof, ein großes Gebäude, welches zwei Eingänge, von der Nikolai- und von der Reichsstraße hat, heißt itzt Quands Hof. In einem Seitengebäude desselben, auf dem Hofe, war das Theater, bis das itzige Schauspielhaus am Ranstädter Thore erbauet ward.
**) Stammende (hier komisch, wegen des Reims getrennt): das dickere Ende eines Baums, zunächst an der Wurzel; wogegen der oberste Theil mit dem Wipfel forstmännisch das Zopfende heißt. Es bedeutet also wohl, was man sonst einen groben Knollen nennt.
***) Gottsched war ein sehr großer breitschultriger starker Mann. Ich erinnere mich, daß Gleim in einem Epigramme sagte: Er könnte Gellerts Sänftenträger, Er könnte Kleistens Trommelschläger, Er könnte Breitkopf's Bruder sein, u. s. w. Dies Epigramm, sowie mehrere von Gleims besten kleinen Gedichten, ist in der unechten und ganz elenden Sammlung seiner Werke, welche wir bis itzt nur haben, nicht zu finden.
****) Es gingen damal in Leipzig allerlei Geschichtchen von Gottscheds verliebten Abenteuern herum.

Stationsmaterial

Station IV: Geheime Gesellschaften

Material/Textgrundlage:
Auszüge Berlinische Monatsschrift
W. A. Mozart: Die Zauberflöte – Auszug aus Akt I (Textblatt, Kassette)
Bildblatt „Arbeitsteppich Freimaurer"
Video G. Lucas (Buch)/I. Kershner (Regie): Star Wars – Das Imperium schlägt zurück (1980)

Obligatorische Aufgaben:

a) Lesen Sie den Textausschnitt aus Mozarts *Zauberflöte* mit verteilten Rollen. Welche Motive erkennen Sie, die an die Riten der Freimaurer erinnern? Welche Motive erinnern an aufklärerisches Denken?

b) Hören Sie sich die Aufnahme (mehrmals) an und beschreiben Sie so genau wie möglich, was Sie hören. Wie unterstreicht die Musik den Inhalt? Warum wählt Mozart hier die Form des Rezitativs und nicht die der Arie?

c) Informieren Sie sich über die Freimaurerei in Deutschland. Was ist ihr Ursprung, wie ist sie aufgebaut, worin liegen ihre Ziele, wer waren ihre Mitglieder (und wer wurde nicht zugelassen)? Warum bedienten sich die Freimaurerlogen geheimer Symbole (vgl. Bildblatt), warum legten sie Wert auf bestimmte Riten?

d) Die Berlinische Monatsschrift geht in einigen Beiträgen auf das Phänomen der Freimaurer ein. Lesen Sie die Auszüge und entscheiden Sie: Wie stehen die Herausgeber zu geheimen Gesellschaften wie den Freimaurern?

e) Informieren Sie sich über die Mittwochsgesellschaft, der etliche Autoren der Berlinischen Monatsschrift angehörten. Könnte man sie als Geheimgesellschaft bezeichnen?

f) Diskutieren Sie: Passen Aufklärung und Freimaurerei zusammen? Sind aufklärerisches Denken und geheimes Handeln nicht einander entgegengesetzt? Sind die Freimaurer frauenfeindlich?

Fakultative Aufgaben:

g) Informieren Sie sich über den Inhalt von Mozarts Oper.

h) Sehen Sie sich den Ausschnitt aus *Star Wars* an:
z. B.: 0:58,23–1:01,35 **oder**
1:04,46–1:09,25 **oder**
1:11,41–1:16,41
Werden hier Symbole der Freimaurer oder aufklärerische Gedanken zitiert? Was fällt Ihnen an der Kameraführung auf, was an der Filmmusik?

Schülerblatt

Textblatt Mozart: „Zauberflöte“

„Die Zauberflöte“ (Auszug aus Akt I)
Musik: W. A. Mozart, Text: E. Schikaneder (1)

Markieren Sie die freimaurerischen und die aufklärerischen Motive. Notieren Sie in Stichpunkten neben den Textpassagen, was Ihnen an der Musik auffällt.

Tamino: Die Weisheitslehre dieser Knaben
sei ewig mir ins Herz gegraben.
Wo bin ich nun? Was wird mit mir?
Ist dies der Sitz der Götter hier?
Es zeigen die Pforten, es zeigen die Säulen,
dass Klugheit und Arbeit und Künste hier weilen;
wo Tätigkeit thronet und Müßiggang weicht,
erhält seine Herrschaft das Laster nicht leicht.
Ich wage mich mutig zur Pforte hinein,
die Absicht ist edel und lauter und rein.
Erzitt're, feiger Bösewicht!
Pamina retten ist mir Pflicht.
(Er geht an die Pforte zur rechten Seite.)
Stimmen (Von innen): Zurück!
Tamino: Zurück? So wag' ich hier mein Glück!
(Er geht an die Pforte zur linken Seite.)
Stimmen (Von innen): Zurück!
Tamino: Auch hier ruft man: Zurück?
(Er wendet sich zur Mittelpforte.)
Da seh' ich noch eine Tür,
vielleicht find ich den Eingang hier.
(Indem er sich der Mittelpforte nähert,
öffnet sich diese und ein alter Priester
[Sprecher] erscheint.)
Sprecher: Wo willst du, kühner Fremdling, hin?
Was suchst du hier im Heiligtum?
Tamino: Der Lieb' und Tugend Eigentum.
Sprecher: Die Worte sind von hohem Sinn!
Allein, wie willst du diese finden?
Dich leitet Lieb' und Tugend nicht,
weil Tod und Rache dich entzünden.
Tamino: Nur Rache für den Bösewicht.
Sprecher: Den wirst du wohl bei uns nicht finden.
Tamino (Schnell): Sarastro herrscht in diesen Gründen?
Sprecher: Ja, ja, Sarastro herrschet hier.
Tamino (Schnell): Doch in dem Weisheitstempel nicht?
Sprecher (Langsam): Er herrscht im Weisheitstempel hier.
Tamino: So ist denn alles Heuchelei!
(Will gehen)

Textblatt Mozart: „Zauberflöte“

„Die Zauberflöte“ (Auszug aus Akt I)
Musik: W.A. Mozart, Text: E. Schikaneder (2)

Sprecher: Willst du schon wieder gehn?
Tamino: Ja, ich will gehn, froh und frei,
nie euren Tempel sehn.
Sprecher: Erklär dich näher mir,
dich täuschet ein Betrug.
Tamino: Sarastro wohnet hier,
das ist mir schon genug.
Sprecher: Wenn du dein Leben liebst,
so rede, bleibe da!
Sarastro hassest du?
Tamino: Ich hass' ihn ewig! Ja!
Sprecher: So gibt mir deine Gründe an!
Tamino: Er ist ein Unmensch, ein Tyrann!
Sprecher: Ist das, was du gesagt, erwiesen?
Tamino: Durch ein unglücklich Weib bewiesen,
das Gram und Jammer niederdrückt.
Sprecher: Ein Weib hat also dich berückt?
Ein Weib tut wenig, plaudert viel.
Du, Jüngling, glaubst dem Zungenspiel?
Oh, legte doch Sarastro dir
die Absicht seiner Handlung für!
Tamino: Die Absicht ist nur allzu klar,
riss nicht der Räuber ohn' Erbarmen
Pamina aus der Mutter Armen?
Sprecher: Ja, Jüngling, was du sagst, ist wahr.
Tamino: Wo ist sie, die er uns geraubt?
Man opferte vielleicht sie schon?
Sprecher: Dir dies zu sagen, teurer Sohn,
ist jetzt und mir noch nicht erlaubt.
Tamino: Erklär dies Rätsel, täusch' mich nicht.
Sprecher: Die Zunge bindet Eid und Pflicht.
Tamino: Wann also wird das Dunkel schwinden?
Sprecher: Sobald dich führt der Freundschaft Hand
ins Heiligtum zum ew'gen Band.
(Er geht ab.)
Tamino: Oh, ew'ge Nacht, wann wirst du schwinden?
Wann wird das Licht mein Auge finden?
Stimmen (Von innen): Bald, bald, Jüngling, oder nie!
Tamino: Bald, sagt ihr, oder nie?
Ihr Unsichtbaren, saget mir,
lebt denn Pamina noch?
Stimmen (Von innen): Pamina, Pamina lebet noch.
Tamino (Freudig): Sie lebt? Ich danke euch dafür!

Arbeitsteppich einer Freimaurerloge

(aus: Naudon: Geschichte der Freimaurerei, S. 13; früher französischer Arbeitsteppich. Dargestellt sind: die Säulen Jakin und Boaz, das Auge Gottes im Dreieck mit Strahlenkranz, Winkelmaß und Zirkel (8, 17), der Flammende Stern (13), der Rauhe Stein (11), Spitzhammer und Kelle (7, 12), die drei Fenster (9, 10, 14), die Liebesknoten (18), die drei Kleinen Lichter (19), Sonne und Mond (15, 16), die sieben Stufen und (6) die Pforte im Westen. Paris, Bibl. nat.)

Schülerblatt

Auszüge aus der Berlinischen Monatsschrift

Die Herausgeber, Oktober 1785, S. 355/356

Neuer Beitrag zu einiger Kenntniß verschiedener jetzt eristierenden Geheimen Gesellschaften.

Wir haben von der Regensburger geschriebenen Reichstagszeitung, die unter dem Titel: (...) ein Blatt erhalten (des Vten Jahrganges 28. und 29tes Stük vom 25. August 1785), welches – bei Gelegenheit der itzt in allen Zeitungen so laut werdenen Geschichte von dem verstorbenen Priester: Larz und den Befehlen gegen die Freimaurer und Illuminaten – freimüthig und ausführlich von mehrern dortigen besondern Verbindungen redet: und wir lassen es hier, unverändert, in Text und Noten, abdrucken. Die genannte Zeitung wird von einem durch sein Amt und seine Kenntnisse angesehenen Manne geschrieben. Sie ist zwar nicht völlig unbekannt, indem noch neulich die Allg. Literaturzeitung, und früher H. Nikolai (Reisen, B.II. S. 349, 399) davon geredet, letzterer auch (das. Beilagen; S. 3) ein Blatt daraus hat abdrucken lassen; indessen noch immer unbekannt genug, um voraussetzen zu können; daß die wenigsten unsrer Lehrer das Folgende schon werden zu Gesichte bekommen haben.
Das Dasein einer Menge geheimer Verbindungen in Deutschland, wovon noch so Viele nichts wissen, und Viele sogar nichts wissen wollen, ist uns das Wichtigste in dem Aufsatze. Man muß bekennen, daß Regensburg, ein in mancher Absicht schon sonst so merkwürdiger Ort, zu unsern Zeiten durch die vielen sich in ihm zusammendrängenden geheimen Orden, wovon manche wohl gar feindlich gegen einander gesinnt sind, noch merkwürdiger wird. Hievon kann der Verfasser, der dort in einer wichtigen Bedienung lebt, wohl als gültiger Zeuge angesehen werden. Seine Räsonnements, die nicht bloße Fakten enthalten, liefern wir ohne weitere Theilnehmung, und überlassen sie ihm selbst zu verantworten. – Was er von der Freimaurerei beibringt, deren auch bei dieser Gelegenheit itzt so oft in den Zeitungen erwähnt wird, schien uns völlig unbedenklich, indem es wohl sicherlich der Gesellschaft auf seine Art wehe thun, noch ihr böse Nachrede zuziehen kann. Daher glaubten wir, um den Zusammenhang nicht zu zerreißen, es mit liefern zu müssen.
Und so möge denn auch dieses hingeworfene Blatt, in den itzigen Zeiten der Gährung, und da die Gemüther durch und über die geheimen Gesellschaften so sehr gespannt zu sein scheinen, – so viel Gutes wirken, als es seiner Natur nach kann!

Die Herausgeber.

Anonym, Februar 1786, S. 127/128

Beweis, daß das Buch Saint Nicaise der Religion, allen öffentlichen Staaten und auch den guten Sitten zuwider sei.

An Herrn D. Biester.

Hochgeehrter Herr Doctor.
Sie wollen in die Berlinische Monatsschrift keinen Aufsatz gegen die Freimaurerei einrükken. Auch ich hege sehe große Achtung für diesen Orden; denn er hat sich der Welt in seinen Werten so gezeigt, daß man ihm seinen Beifall nicht versagen kann. Desto mehr verdriest es mich, daß das Buch, Saint Nicaise, wie man höret, itzt laut gepriesen und mit großem Beifalle allgemein gelesen wird, ohngeachtet es diesem ehrwürdigen Orden zur Schande gereichen würde, wenn wirkliche Freimäurer sich durch dasselbe wollten zurechte weisen lassen. Es ist wohl nöthig, über dieses Buch ein Wort zu sagen, weil es durch die schöne Schreibart manchen unbefangenen Leser, der von einem so demüthigen, liebreichen, menschenfreundlichen und glücklichen Mann, wie der Verfasser sein will, nichts arges vermuthet, gar leicht bethören kann, wenn man ihn von den Dingen, die es enthält, nicht etwas näher unterrichtet. Nur mit diesem Buche, nicht mit Freimäurern und ihrem Orden habe ich es in beifolgendem Aufsatze zu thun, und ich bitte Sie ergebenst, ihn zum Besten dieses Ordens und zum Besten der Menschheit, in die Monatsschrift, sobald als möglich einzurükken, meinen Namen darf ich nicht nennen; denn auch ich weiß es, daß es politische Magie giebt, welche man fürchten muß, weil es die Leute, von welchen in dem Aufsatze die Rede ist, in ihrer Kunst schon sehr weit gebracht haben. Thue ich ihnen unrecht, so dürfen sie sich nur auf die Art, wie ich es verlangt habe, rechtfertigen, und ich will sodann gern bekennen, daß mein Verdacht ungegründet gewesen ist. (...)

Station V: Erziehung

Material/Textgrundlage:

J. Stuve: Ein Vorschlag zur Verbreitung wahrer Aufklärung unter allen Ständen, Berlinische Monatsschrift, November 1785, S. 472–477.

J. H. Campe: Robinson der Jüngere (1779)

Obligatorische Aufgaben:

a) Analysieren Sie den Aufsatz von J. Stuve nach Aufbau, Inhalt, Form und Sprache. Welche Intention verfolgt der Verfasser? Wie verläuft seine Argumentation?

b) Erschließen Sie den Textausschnitt von J. H. Campes Roman. Welche literarische Vorlage arbeitet er in seinen Text ein? Warum wählt er diese Vorlage? Was fällt Ihnen an der formalen, sprachlichen und inhaltlichen Gestaltung des Ausschnittes auf?

c) Vergleichen Sie die beiden Texte: Was erwarten die Verfasser von Erziehung? Wozu soll erzogen werden? Wer soll erzogen werden?

d) Was können Sie aus den Texten über den Zustand der damaligen Gesellschaft entnehmen? Was sagen die Texte über Familienstrukturen aus?

e) Vergleichen Sie die Bildungs- und Erziehungsziele, die sich aus den Texten herauslesen lassen, mit den Bildungs- und Erziehungszielen, die heute angestrebt werden. Welche Gemeinsamkeiten und Unterschiede erkennen Sie?

f) Diskutieren Sie: Macht es Sinn, das 18. Jahrhundert als pädagogisches Jahrhundert zu bezeichnen?

Fakultative Aufgaben:

g) Informieren Sie sich über den Lebenslauf der beiden ersten Herausgeber der Berlinischen Monatsschrift. Sehen Sie Zusammenhänge zwischen deren beruflichen Werdegang und dem Thema Erziehung?

h) Wozu sollte Ihrer Meinung nach heute erzogen werden? Ist Erziehung überhaupt sinnvoll und möglich? Wer sollte erziehen? Wer sollte erzogen werden?

i) Gibt es heutzutage Bildungs- und Erziehungsziele, die Ihnen unnötig oder fragwürdig erscheinen? Müssten neue Ziele formuliert werden?

Ein Vorschlag zur Verbreitung wahrer Aufklärung unter allen Ständen

Gestern kam ich, mein theuerster Gedike, ganz zufällig auf eine Gedankenreihe, die ich, weil ich grade ein Stündchen Muße habe, Ihnen mittheilen will. Sollte dieselbe der Aufmerksamkeit des Publikums, Ihrer Meinung nach, würdig sein; so können Sie meinetwegen diesen Brief in Ihre Monatschrift einrükken.

Ich dachte nemlich darüber nach, wie man es wohl anzufangen habe, um eine Nation oder auch nur die Menschen eines Ortes gründlich aufzuklären, um ihnen das Maaß und die Art von Kenntnissen zu verschaffen, wodurch sie verständige, edle, und glükliche Menschen werden könnten. Ich überzeugte mich, daß die gewöhnliche Art des Unterrichts und der Bildung der Jugend in den Schulen zur Erreichung dieses großen Zweks nicht hinlänglich s.i. Die unzwekmäßige Einrichtung und der schlechte Zustand der allermeisten Schulen war nicht der einzige Grund meiner Ueberzeugung. Es kömmt dazu, daß der größte Theil der Jugend die Schule zu früh und zu jung verläßt, um nicht das meiste, was er etwa darin gelernt hätte, bald wieder zu vergessen; ja er ist selbst in dem Alter, da er die Schule besucht, eines großen Theils menschwürdiger und nützlicher Aufklärung gar nicht einmal fähig. Auch erstikt das Beispiel ganz anders denkender und handelnder Erwachsenen den Namen vernünftiger Ueberzeugung und besserer Erkenntniß in spätern Jahren leider nur gar zu sehr; zumal wenn derselbe durch frühe Gewöhnung und erlangte Fertigkeit nicht recht feste Wurzel gefaßt hat. Aber Gewöhnung und Fertigkeit den Kindern zu verschaffen, ist das Werk der Erziehung und nicht des Unterrichts. Erstere hängt nun fast lediglich von den Eltern ab, und diese müssen also erleuchtet und vernünftig gesinnt sein, wenn sie ihre Kinder gut erziehen sollen. Die vernünftige Belehrung und Unterweisung der Jugend ist daher auch in der größten Vollkommenheit wenigstens ein sehr langsamer Weg, die Menschheit aufzuklären und zu veredeln, wenn man nicht zu gleicher Zeit ein gewisses Maaß von Einsicht und Kultur unter den Erwachsenen verbreiten kann. Sollte es nun nicht ein wesentlicher Theil der obrigkeitlichen Pflicht für das Wohl der Unterthanen zu sorgen sein, Erleuchtung und Aufklärung unter denselben zu befördern? Man wälzt häufig diese Verpflichtung durch die unsinnige Antwort von sich, daß Aufklärung die Menschen verderbe, unglüklich und zu schlechten Unterthanen mache. Man beruft sich bei dieser Behauptung selbst auf das Beispiel einzelner Menschen oder ganzer Nationen. Aber der Fehler in diesem Schlusse liegt darin, daß man unzwekmäßige Verfeinerung, Empfindelei, Erneuerung, unverständige Räsonnirsucht, und weiß der Himmel was alles für Aufklärung hält oder ausgiebt. Ein aufgeklärter Mensch ist derjenige, der eine vernünftige und lebendige Erkenntniß hat, von dem, was man wissen muß, um glüklich und nützlich zu sein. Kann nun wohl eine solche Erkenntniß jemals schaden? Kann man dabei und dadurch ein schlechter Mensch als Unterthan sein oder gar werden?

Die Frage ist also nur, wie soll man es anfangen, um Aufklärung zu befördern? Daß die Verbesserung der Schulen für alle Stände und Klassen der Menschen das erste und nothwendigste Erforderniß ist, versteht sich von selbst; und ist eine der allgemein erkannten, wiewohl leider sehr wenig befolgten Wahrheiten. Aber ich habe gesagt und gezeigt, daß Unterricht und Belehrung der Schuljugend nicht allein hinreichend ist, um das Ziel zu erlangen. Man muß auch suchen, auf den Verstand und Charakter der Erwachsenen einzuwirken. Das kann nun auf vielfache Weise geschehen; und der Staat sollte kein Mittel unversucht und unangewandt lassen, den erhabenen Zwek der gesellschaftlichen Verbindung: die Veredlung und Beglükseligung der Menschen, zu befördern.

Schülerblatt

Station V

Die Mittel, die man anwenden kann, sind: theils unmittelbare Belehrung, theils Neuübung der schönen Künste, theils Darstellung von Mustern durch eigenes Beispiel, und Belohnung und Aufmunterung fremder.

Ich will mich jetzt nur darauf einlassen, über die unmittelbare Belehrung etwas ausführlicher zu sein. Es läßt sich dieselbe wiederum eintheilen: in die mündliche und schriftliche; also von jener zuerst.

Wie wäre es denn anzufangen, Erwachsenen mündliche Belehrung und Unterweisung zu ertheilen? Wie dieses über religiöse und moralische Gegenstände, in so fern sie mit der Religion in Beziehung stehen, geschieht, ist bekannt genug. So viel unvollkommnes und unzwekmäßiges die Vorträge dieser Art gehabt haben mögen, und noch wohl zum Theil haben, so unleugbar groß ist doch ihr Nuzen. Sollte es nun nicht möglich sein, auf eine ähnliche Art physikalische, ökonomische, diätetische, pädagogische Wahrheiten dem Volke öffentlich vorzutragen? Sollte es nicht möglich und gut sein, bei gewissen herrschenden Vorurtheilen, fehlerhaften Gewohnheiten, und verkehrter Handlungsweise die aus mangelhafter Einsicht entspringt, den Menschen Gelegenheit zu verschaffen, zu richtigerer Erkenntniß zu gelangen? Wer da weiß, wie viele Vorzüge mündliche Belehrung vor schriftlicher hat, wiewenig Neigung und Fähigkeit ein großer Theil Menschen zum Bücherlesen besitzt, wird mir nicht einwenden, daß man das nemliche durch Schriften und zwar auf eine noch bequemere Art erreichen könne.

Aber, wird man sagen, sollte denn der Staat an jedem Orte so viele öffentliche Volkslehrer in allen diesen Fächern von Kenntnissen ansehen und besolden? Sollte man die Leute nöthigen und zwingen, dergleichen Unterricht und Vorträge mit anzuhören? Keines von beiden. Der Staat dürfte nur den verständigsten unter seinen von ihm besoldeten Dienern, z.B. einem Juristen, einem Arzt, einem Kameralisten, einem Schulmann es zur Pflicht machen, wöchentlich eine einzige Stunde über das gemeinnützigste in dem Gebiet seiner Kenntnisse einen gemein verständlichen Vortrag zu halten. Man müßte sich dabei immer nach den Umständen und den Bedürfnissen der Zeit richten, und das auswählen, was auf das praktische Verhalten den stärksten Einfluß hätte.

An Zuhörern würde er bei solchen Vorlesungen gewiß nicht fehlen; und man könnte dazu theils den Sonntag nehmen, theils den blauen Montag, der Trotz aller Gesetze nie wird ganz abgeschaft werden. Es wäre in er That überflüssig, wenn ich ausführlich darthun wollte, wie viel durch eine solche Veranstaltung zur Vertilgung der gröbsten Unwissenheit und zur Wegräumung der verkehrtesten und gemeinschädlichsten Vorurtheile beigetragen werden könnte. Daß aber Unwissenheit und Vorurtheile die Hauptquellen alles menschlichen Elendes sind, kann niemand bestreiten, der einige Erfahrung und Menschenkenntniß hat. Der schon kultivirte Theil der Menschen, der, entweder von selbst oder durch diesen öffentlichen Unterricht aufgemuntert, nach einem größern Maaß von Kenntnissen strebte, würde sich alsdann bald Gelegenheit auf seine Kosten zu einem vollständigern mündlichen Privat Unterricht zu verschaffen. Ist es nicht schon in Berlin Mode, daß fast über jede Art menschlicher Kenntnisse Vorlesungen für Erwachsene gehalten werden; und sollte dieses nicht in einem mindern Grade der Vollkommenheit in ansehnlichen Provinzialstädten angehen können? Sollte man in der Provinz nur die Thorheiten der Hauptstadt nachmachen, und nicht auch mit der Zeit das Gute aus derselben annehmen? Wie würdig und vortreflich wär es, wenn durch dergleichen Einrichtungen nicht nur gemeinnützige Kenntnisse allgemein verbreitet würden, und die Menschen dadurch in tausend Fällen klüger und weiser handeln lerneten, sondern auch der ganze Geist der Nation einen bessern und edlern Schwung und eine würdigere Richtung erhielte! Ich glaube nemlich, daß ein gewisses vernünftiges Nachdenken, eine Forschbegierde und Beschäftigung des Geistes mit ernsthaften Gegenständen allgemeiner werden würde.

Station V

So haben wir es ja in offenbar den öffentlichen Vorträgen über Religion und Moral zu danken, daß das Volk über diese Gegenstände so viel nachdenkt, sie häufig zum Inhalte seiner Unterredungen und Gespräche macht. Ehen das würde bei andern ihm mitgetheilten Kenntnissen ebenfalls geschehen. Insonderheit würden die feinern Stände, die mehr Muße haben, und sich häufiger auch auf längere Zeit unter einander sehen, sehr dadurch gewinnen. Bis jetzt beschäftigt man sich in den meisten gesellschaftlichen Zusammenkünften mit Essen, Trinken, Spielen, Klatschen und Faseln; durch welches alles der Sinn und Charakter der Menschen immer mehr geschwächt und verdorben wird. Vorzüglich halte ich das Spiel für eine sehr unglükliche und geschmaklose Zeitverderbung. Es stumpft die Sinne und den Verstand unglaublich ab, erzeugt und ernährt heftige unwürdige Leidenschaften, zernichtet eben dadurch und durch das damit verbundene anhaltende Sitzen die Gesundheit zusehends, hält die Menschen ab von der pflichtmäßigen Aufmerksamkeit und Sorgfalt für ihre Amts- und Berufsgeschäfte, ihr Hauswesen, Kindererziehung u.s.w. Ich bin überzeugt, daß wenn in einem Orte oder in einer Familie das Kartenspiel heftige Leidenschaft und Beschäftigung wird, alsdann in eben dem Maaße Aufklärung, Regelmäßigkeit und Ordnung in den Geschäften, häusliche Tugend und vernünftige Thätigkeit aussterben müssen.

Ich könnte noch sehr vieles über diese und verwandte Materien hinzufügen; aber ich weiß nicht, ob Sie an meinem Räisonnement einiges Wohlgefallen finden. Ist dieses, so lassen Sie mich es wissen: Ich will zu anderer Zeit fortfahren. Leben Sie wohl.

Ruppin. Stuve.

Station V

J.H. Campe: Robinson der Jüngere, zur angenehmen und nützlichen Unterhaltung für Kinder

Dieser gab ihm durch Zeichen zu verstehen, daß er die Bogen und die Pfeile der Getödteten nehmen und ihm folgen solle. Der Wilde hingegen bedeutete ihm, daß er erst die todten Körper im Sande verscharren wolle, damit ihre Gefährten, wenn sie etwa nachfolgen sollten, sie nicht finden möchten. Robinson bezeigte ihm Beifall über diese Vorsichtigkeit, und da war er mit seinen Händen so hurtig darüber aus, daß er in weniger als einer Viertelstunde schon beide Leichname verscharrt hatte. Dann wanderten Beide nach Robinsons Wohnung, und erstiegen den Berg.

Lotte. Aber, Vater, nun war ja Robinson ein Mörder geworden.

Fritzchen. I, das waren ja nur Wilde, die er umgebracht hatte; das thut nichts!

Lotte. Ja, es waren aber doch Menschen!

Vater. Allerdings waren sie das, Fritzchen, und wild oder gesittet thut hier nichts zur Sache. Die Frage aber ist nur, ob er ein Recht dazu hatte, diese Unglücklichen umzubringen? Was meinst du, Johannes?

Johannes. Ich glaube, daß er ein Recht dazu hatte.

Vater. Und warum?

Johannes. Weil sie solche Unmenschen waren, und weil sie sonst den andern armen Wilden würden todt gemacht haben, der ihnen doch wol nichts zu Leide gethan hatte.

Vater. Aber wie konnte Robinson das wissen? Vielleicht hatte dieser den Tod verdient. Vielleicht waren Diejenigen, die ihn verfolgten, Diener der Gerechtigkeit, die von ihrem Oberhaupte dazu befehligt waren. Und dann, wer hatte Robinson zum Richter über sie bestellt?

Nikolas. Ja, aber wenn er sie nicht getödtet hätte, so würden sie seine Burg gesehen haben und dann hätten sie es den Andern wieder erzählt –

Gottlieb. Und dann wären sie Alle gekommen, und hätten den armen Robinson selbst umgebracht –

Fritzchen. Und aufgefressen dazu!

Vater. Jetzt seid ihr auf dem rechten Flecke: *zu seiner eigenen Sicherheit* mußte er es thun; ganz recht! Aber ist man denn wol berechtigt, um sein eigenes Leben zu retten, einen Andern umzubringen?

Alle. O ja!

Vater. Warum?

Johannes. Weil Gott will, daß wir unser Leben erhalten sollen, so lange wir nur können. Wenn also Einer *uns* umbringen will, so muß es ja wol recht sein, ihn erst umzubringen, damit er's müsse bleiben lassen.

Vater. Allerdings, liebe Kinder, ist eine solche Nothwehr nach menschlichen und göttlichen Gesetzen recht: aber, wohl gemerkt, nur in dem einzigen Falle, wenn *ganz und gar kein anderes Mittel zu unserer eigenen Rettung übrig ist.* Haben wir hingegen Gelegenheit, entweder zu entfliehen, oder von Andern beschützt zu werden, oder unsern Verfolger außer Stand zu setzen, uns zu schaden, so ist ein Angriff auf sein Leben ein wirklicher Mord, und wird auch von der Obrigkeit als ein solcher bestraft.

Vergeßt nicht, liebe Kinder, Gott zu danken, daß wir in einem Lande leben, in welchem die Obrigkeit so gute Veranstaltungen zu unserer Sicherheit getroffen hat, daß unter hunderttausend Menschen höchst selten auch nur ein einziger in die traurige Nothwendigkeit gerathen kann, von dem Rechte der Nothwehr Gebrauch machen zu müssen.

Genug für heute!

Station VI: Religion

Material/Textgrundlage:
G. E. Lessing: Nathan der Weise (Ringparabel), 1779
Anonym: Boccazens Erzählung von den drei Ringen, Berlinische Monatsschrift, April 1794, S. 340–349.

Obligatorische Aufgaben:

a) Beschäftigen sich die Beiträge der Berlinischen Monatsschrift auch mit religiösen Fragen und Problemen? Suchen Sie im Inhaltsverzeichnis nach Hinweisen und deuten Sie die Titel der Artikel, die Sie finden: Wozu nehmen die Autoren Stellung?

b) Informieren Sie sich über den Inhalt von G. E. Lessings *Nathan der Weise.*

c) Untersuchen Sie die *Ringparabel* aus Lessings *Nathan der Weise,* gehen Sie dabei auf Form, Inhalt und Sprache ein.

d) Versuchen Sie, den Ablauf der Szene in einigen Standbilderrn darzustellen, aus denen das sich verändernde Verhältnis zwischen Nathan und Saladin deutlich wird.

e) Fassen Sie die Parabel thesenartig in eigenen Worten zusammen: Was sagt Lessing über den Ursprung der verschiedenen Religionen aus? Welche Eigenschaften sollten Religionen aufweisen? Wie sollten sich die Anhänger der Religionen verhalten? Woran übt Lessing Kritik, wozu rät er?

f) Informieren Sie sich über die Kontroverse zwischen Lessing und J. M. Goeze und erklären Sie, welche Botschaft Lessing mit seiner Ringparabel indirekt dem Herzog von Braunschweig und dem Hauptpastor Goeze gibt.

Fakultative Aufgaben:

g) Lesen Sie den Artikel *Boccazens Erzählung von den drei Ringen* aus der Berlinischen Monatsschrift (April 1794). Warum macht der Verfasser darauf aufmerksam, dass Lessing die *Ringparabel* „… aus dem Boccaz genommen hat"?

h) Vergleichen Sie Lessings *Ringparabel* und *Boccaccios Erzählung.* Was übernahm Lessing? Welche Änderungen und Ergänzungen nahm er vor, um die Erzählung für seine Intention zu nutzen?

Schülerblatt

Station VI

G. E. Lessing: Nathan der Weise (1779) – 3. Aufzug, 7. Auftritt: *Ringparabel*

NATHAN. Vor grauen Jahren lebt' ein Mann in Osten,
Der einen Ring von unschätzbaren Wert'
Aus lieber Hand besaß. Der Stein war ein
Opal, der hundert schöne Farben spielte,
Und hatte die geheime Kraft, vor Gott
Und Menschen angenehm zu machen, wer
In dieser Zuversicht ihn trug. Was Wunder,
Dass ihn der Mann in Osten darum nie
Vom Finger ließ, und die Verfügung traf,
Auf ewig ihn bei seinem Hause zu
Erhalten? Nämlich so. Er ließ den Ring
Von seinen Söhnen dem geliebtesten,
Und setzte fest, dass dieser wiederum
Den Ring von seinen Söhnen dem vermache,
Der ihm der liebste sei, und stets der liebste,
Ohn' Ansehen der Geburt, in Kraft allein
Des Rings, das Haupt, der Fürst des Hauses werde. –
Versteh mich, Sultan.
SALADIN. Ich versteh dich. Weiter!
NATHAN. So kam nun dieser Ring, von Sohn zu Sohn,
Auf einen Vater endlich von drei Söhnen;
Die alle drei ihm gleich gehorsam waren,
Die alle drei er folglich gleich zu lieben
Sich nicht entbrechen konnte. Nur von Zeit
Zu Zeit schien ihm bald der, bald dieser, bald
Der dritte, – so wie jeder sich mit ihm
Allein befand, und sein ergießend Herz
Die andern zwei nicht teilten – würdiger
Des Ringes; den er denn auch einem jeden
Die fromme Schwachheit hatte, zu versprechen.
Das ging nun so, so lang es ging. – Allein
Es kam zum Sterben, und der gute Vater
Kömmt in Verlegenheit. Es schmerzt ihn, zwei
Von seinen Söhnen, die sich auf sein Wort
Verlassen, so zu kränken. – Was zu tun? –
Er sendet in geheim zu einem Künstler,
Bei dem er, nach dem Muster seines Ringes,
Zwei andere bestellt, und weder Kosten
Noch Mühe sparen heißt, sie jenem gleich,
Vollkommen gleich zu machen. Das gelingt
Dem Künstler. Da er ihm die Ringe bringt,
Kann selbst der Vater seinen Musterring
Nicht unterscheiden. Froh und freudig ruft
Er seine Söhne, jeden insbesondre;
Gibt jedem insbesondre seinen Segen. –
Und seinen Ring, – und stirbt. – Du hörst doch, Sultan?
SALADIN *(der sich betroffen von ihm gewandt).*
Ich hör, ich höre! – Komm mit deinem Märchen
Nur bald zu Ende. – Wirds?
NATHAN. Ich bin zu Ende.
Denn was noch folgt, versteht sich ja von selbst. –
Kaum war der Vater tot, so kömmt ein jeder
Mit seinem Ring', und jeder will der Fürst
Des Hauses sein. Man untersucht, man zankt,
Man klagt. Umsonst; der rechte Ring war nicht
Erweislich; –
(nach einer Pause, in welcher er des Sultans Antwort erwartet)
Fast so unerweislich, als
Uns itzt – der rechte Glaube.
SALADIN. Wie? das soll
Die Antwort sein auf meine Frage? …
NATHAN. Soll
Mich bloß entschuldigen, wenn ich die Ringe,
Mir nicht getrau zu unterscheiden, die
Der Vater in der Absicht machen ließ,
Damit sie nicht zu unterscheiden wären.
SALADIN. Die Ringe! – Spiele nicht mit mir! – Ich dächte,
Dass die Religionen, die ich dir
Genannt, doch wohl zu untnerscheiden wären.
Bis auf die Kleidung, bis auf Speis und Trank!
NATHAN. Und nur von Seiten ihrer Gründe nicht –
Denn gründen alle sich nicht auf Geschichte?
Geschrieben oder überliefert! – Und
Geschichte muss doch wohl allein auf Treu
Und Glauben angenommen werden? – Nicht? –
Nun wessen Treu und Glauben zieht man denn
Am wenigsten in Zweifel? Doch der Seinen?
Doch deren Blut wir sind? doch deren, die
Von Kindheit an uns Proben ihrer Liebe
Gegeben? die uns nie getäuscht, als wo
Getäuscht zu werden uns heilsamer war?
Wie kann ich meinen Vätern weniger,
Als du den deinen glauben? Oder umgekehrt. –
Kann ich von dir verlangen, dass du deine
Vorfahren Lügen strafst, um meinen nicht
Zu widersprechen? Oder umgekehrt.
Das nämlich gilt von den Christen. Nicht? –
SALADIN. (Bei dem Lebendigen! Der Mann hat Recht.
Ich muss verstummen.)
NATHAN. Lass auf unsre Ring'

Station VI

Uns wieder kommen. Wie gesagt: die Söhne
Verklagten sich – ; – und jeder schwur dem Richter,
Unmittelbar aus seines Vaters Hand
Den Ring zu haben. – Wie auch wahr! – Nachdem
Er von ihm lange das Versprechen schon
Gehabt, des Ringes Vorrecht einmal zu
Genießen. – Wie nicht minder wahr! – Der Vater,
Beteu'rte jeder, könne gegen ihn
Nicht falsch gewesen sein, und eh' er dieses
Von ihm, von einem solchen lieben Vater,
Argwohnen lass': eh' müss' er seine Brüder,
So gern er sonst von ihnen nur das Beste
Bereit zu glauben sei, des falschen Spiels
Bezeihen; und er wolle die Verräter
Schon auszufinden wissen; sich schon rächen.
SALADIN. Und nun, der Richter? – Mich verlangt zu hören,
Was du den Richter sagen lässest. Sprich!
NATHAN. Der Richter sprach: wenn ihr mir nun den Vater
Nicht bald zur Stelle schafft; so weis' ich euch
Von meinem Stuhle. Denkt ihr, dass ich Rätsel
Zu lösen da bin? Oder harret ihr,
Bis dass der rechte Ring den Mund eröffne? –
Doch halt! Ich höre ja, der rechte Ring
Besitzt die Wunderkraft beliebt zu machen;
Vor Gott und Menschen angenehm. Das muss
Entscheiden! Denn die falschen Ringe werden
Doch das nicht können! – Nun, wen lieben zwei
Von euch am meisten? – Macht, sagt an! Ihr schweigt?
Die Ringe wirken nur zurück? und nicht
Nach außen? jeder liebt sich selber nur
Am meisten? – O so seid ihr alle drei
Betrogene Betrieger! Eure Ringe
Sind alle drei nicht echt. Der echte Ring
Vermutlich ging verloren. Den Verlust
Zu bergen, zu ersetzen, ließ der Vater
Die drei für einen machen.
SALADIN. Herrlich! herrlich!
NATHAN. Und also, fuhr der Richter fort, wenn ihr
Nicht meinen Rat, statt meines Spruches, wollt:
Geht nur! – Mein Rat ist aber der: ihr nehmt
Die Sache völlig wie sie liegt. Hat von
Euch jeder seinen Ring von seinem Vater:
So glaube jeder sicher seinen Ring
Den echten. – Möglich, dass der Vater nun
Die Tyrannei des Einen Rings nicht länger
In seinem Hause dulden wollen! – Und gewiss,
Dass er euch alle drei geliebt, und gleich
Geliebt: indem er zwei nicht drücken mögen,
Um einen zu begünstigen. – Wohlan!
Es eifre jeder seiner unbestochnen
Von Vorurteilen freien Liebe nach!
Es strebe von euch jeder um die Wette,
Die Kraft des Steins in seinem Ring' an Tag
Zu legen! komme dieser Kraft mit Sanftmut,
Mit herzlicher Verträglichkeit, mit Wohltun,
Mit innigster Ergebenheit in Gott,
Zu Hülf! Und wenn sich dann der Steine Kräfte
Bei euren Kindes-Kindeskindern äußern:
So lad' ich über tausend tausend Jahre,
Sie wiederum vor diesen Stuhl. Da wird
Ein weisrer Mann auf diesem Stuhle sitzen,
Als ich, und sprechen. Geht! – So sagte der
Bescheidne Richter.
SALADIN. Gott! Gott!
NATHAN. Saladin,
Wenn du dich fühlest, dieser weisere
Versprochne Mann zu sein: …
SALADIN. *(der auf ihn zustürzt, und seine Hand ergreift, die er bis zu Ende nicht wieder fahren lässt).*
Ich Staub? Ich Nichts?
O Gott!
NATHAN. Was ist dir, Sultan?
SALADIN. Nathan, lieber Nathan! –
Die tausend tausend Jahre deines Richters
Sind noch nicht um. – Sein Richterstuhl ist nicht
Der meine. – Geh! – Geh! – Aber sei mein Freund.

(aus: Lessing, Gotthold Ephraim: Werke in acht Bänden. hrsg. v. Herbert G. Göpfert. Bd. 2, München: Hanser 1970, S. 274 ff.)

Station VI

Boccazens Erzählung von den drei Ringen.

Es ist vielleicht nicht allen Lesern bekannt, daß Lessing die vortrefliche Fabel von den drei Ringen, welche der weise Nathan (in dem dramatischen Gedichte dieses Namens, Aufzug 3, Auftr. 7) Saladinen erzählt, aus dem Boccaz genommen hat. Lessing wollte diese Quelle selbst in einer Vorrede anzeigen, wovon aber bloß ein paar Bruchstücke, und zwar erst ganz neulich, bekannt geworden sind*). Noch wenigere Leser haben wahrscheinlich das Werk des Italiäners sogleich zur Hand, oder so fest im Gedächtniß, daß ihnen nicht ein kleiner Gefallen, durch die bequemere Vorlegung dieser Geschichte nach dem Originale, geschähe.

Nichts ist, bei den schönen Künsten, angenehmer und lehrreicher als Vergleichungen. Wie ward dieser Gegenstand von einem berühmten Dichter vor mehr als vierhundert Jahren**) behandelt? Wie hat unser große Landsmann, welcher sich vor der Vergleichung mit keiner Nazion und mit keinem Zeitalter zu scheuen braucht, denselben seinem Vorgänger nachgebildet? – Noch merkwürdiger wird Boccazens kleine Erzählung, wenn Lessing uns (in der angeführten Vorrede) sagt: daß er nicht bloß jene Geschichte, sondern „den ersten Gedanken zum [ganzen] Nathan im Dekameron des Boccaz gefunden. Allerdings," fährt er fort, „ist die dritte Novelle des ersten Buchs dieser so reichen Quelle theatralischer Produkte der Keim, aus dem sich Nathan bei mir entwickelt hat." Welch ein Genie, dessen treffender Blick in jedem Stoffe die Fähigkeit, zu einem großen Kunstwerke bearbeitet zu werden, so richtig entdeckte! und dessen Meisterhand uns dies Kunstwerk so vollendet lieferte!

*) In G. E. Lessings Leben, Th. 1 (Berlin, 1793), S. 408 folgg.
**) Boccaz war im J. 1313 geboren, und starb 1375. – Daß sein Meisterwerk, der Dekameron (die zehn Tage), mit poetischem Geiste, obgleich in Prosa, geschrieben ist, und dem Verfasser unter die gepriesensten Dichter seiner Nazion gestellt hat, ist bekannt.

Eine Merkwürdigkeit anderer Art erhält auch dies „Geschichtchen" durch sein Alter, welches wahrscheinlich noch höher, als oben geschehen ist, hinausgerückt werden muß. Der gelehrte Kunstrichter Manni*) sagt mit Recht, daß bei Boccazens Erzählungen immer Wahrheit zum Grunde liege, welche ihm nur die reizende Ausschmückung verdanke. Kaum wäre auch, bei der reichsten Phantasie, ein so großes Erfindungsvermögen glaublich; und der wahre Dichter wird seinen Ruhm nicht in die Ersinnung von 100 Histörchen setzen, die er am Ende doch aus dem menschlichen Leben nehmen muß, sondern in die psychologisch und ästhetisch richtige Behandlung. So schöpfte auch Boccazens Fleiß und Scharfsinn aus allen Quellen. Italien stand mit dem Morgenlande, theils durch die Kreuzzüge, theils durch die Einwanderungen der Araber nach Spanien und Frankreich, in ziemlich genauer Verbindung. Je mehr wir itzt die Literatur des Orients kennen lernen, desto mehr Spuren der Ähnlichkeit, oder vielmehr des Vorganges, finden wir darin gegen die romantischen Erzählungen der Italianer. Dies hat noch ganz neulich der Engländer Will. Franklin**) der Indischen Mährchen in Rücksicht Ariosts gezeigt. Und wer erkennt wohl nicht in unsrer Fabel von den drei Ringen einen wahrhaft orientalischen Schwung? – Sehr möglich also, daß wirklich ein kluger Jude dies Geschichtchen zur Antwort an Saladin erfand, und ein Morgenländischer Schriftsteller es ein wenig ausgebildeter aufzeichnete, von wo es in die Hände des feinen Italiänischen Erzählers und sodann des tiefsinnigen Deutschen Denkers kam. Die erste Erfindung wäre also noch um 200 Jahre früher anzusetzen.

*) Domeniko Maria Manni schrieb einen eigenen Traktat über die Geschichte des Dekamerone, 1742, in Quart.
**) Der Übersetzer eines sehr alten Liebesromans von dem Rajad Kamarune un der Prinzessinn Kamalars, aus dem Persischen, London 1793.

Das Geschichtchen betrift die positiven Religionen, und es konnte also nicht an verunglimpfenden Auslegungen fehlen. Man ging hierin so weit, daß, als man zu dem berüchtigten Buche, welches aber wahrscheinlich nie existiert hat: Von den drei Betrügern (De tribus Impostoribus), durchaus einen Verfasser suchte, man unter andern auch auf Boccazen fiel*); und zwar bloß auf Veranlassung dieser Geschichte von den drei Ringen: weil er darin alle drei Religionen, und folglich auch ihre Stifter, für gleich wahrhaft, und folglich für gleich falsch oder gar betrügerisch, erklärt haben sollte.
Hier ist die Erzählung nun selbst.

* * *

Die dritte Novelle des ersten Tages in Boccazens Dekamerone.

Saladin, dessen ungemeine Tapferkeit ihn nicht bloß aus einem geringen Manne zum Sultan von Babylonien erhob, sondern ihm auch viele Siege ihrer Sarazenische und Christliche Könige verschafte, hatte in verschiedentlichen Kriegszügen und durch seine prachtvolle Großmuth seinen ganzen Schatz geleeret. Da er nun, wegen eines zugestoßenen Vorfalls, einer beträchtlichen Summe Geldes benöthigt war, aber nicht absah, woher er sie so schnell als er sie gebrauchte, erhalten könne; fiel ihm bei, daß ein reicher Jude, Namens Melchisedek, welcher auf Wucher lieh, in Alexandrien lebte. Dieser war, nach Saladins Meinung, hinlänglich im Stande, ihm auszuhelfen, wenn er nur wollte; allein er besaß solchen Geiz, daß er es nie gutwillig würde gethan haben: und Gewalt wollte Saladin doch auch nicht gegen ihn gebrauchen. Er sann also, weil ihn die Noth drängte, sorgfältig nach einem Mittel umher, den Juden zur Dienstleistung zu bewegen; und verfiel endlich auf einen Zwang, welcher doch mit dem Scheine des Rechtes zu bedecken war. Er ließ den Juden zu sich rufen, empfing ihn vertraulich, hieß ihn neben sich niedersitzen, und redete ihn ungefähr folgendergestalt an: „Wackerer Mann! Ich habe von mehrern Personen gehört, daß du ungemein weise bist, und in göttlichen Dingen große Einsichten besitzest; deshalb mögte ich gerne von dir wissen, welches von den drei Gesetzen du für das wahre hältst, das Jüdische, oder das Mohammedanische, oder das Christliche?" – Der Jude, welcher in der That ein kluger Mann war, merkte nur zu wohl, daß Saladin darauf ausging ihn in seiner Rede zu fangen, um ihm einen Streit zu erregen, und daß er keine von den drei Religionen mehr wie die beiden andern werde loben können, ohne daß Saladin seinen Zweck erreiche. Er war also ganz in dem Fall, einer Antwort zu bedürfen, welche ihn keiner Gefahr aussetze, schärfte deshalb seinen Witz; und so kam ihm schnell ein, was er sagen müsse, und er sagte:
„Herr! Die Frage welche Du mir vorlegst, ist schön; und wenn ich Dir antworten soll, was ich darüber denke, so muß ich Dir ein Geschichtchen erzählen, welches Du anhören wirst. Wenn ich nicht irre, so erinnere ich mich oft gehört zu haben, daß vor Zeiten ein vornehmer und reicher Mann lebte, welcher viele andre theure Kleinodien in seinem Schatze besaß, und darunter auch einen sehr schönen und kostbaren Ring. Diesen wollte er, seines Wehrtes und seiner Schönheit wegen, vorzüglich ehren, und ihn auf immer bei seinen Nachkommen erhalten; er verordnete deshalb: daß derjenige seiner Söhne, bei welchem sich dieser Ring, als von ihm hinterlassen, finden würde, für seinen Erben angesehen, und von den andern als ihr Vorgesetzter verehret und geachtet werden solle. Der, welchem dieser Ring von Jenem war hinterlassen worden, traf eine gleiche Einrichtung bei seinen Kindern, und machte es eben so wie sein Vorfahr. Kurz, der Ring kam von Hand in Hand auf viele Erben; und endlich an einen Mann, welcher drei Söhne hatte, die schön, geschickt, und ihrem Vater sehr gehorsam waren, weshalb er sie auch alle drei gleich liebte. Die Jünglinge, welche den Gebrauch mit dem Ringe wußten, und von denen Jeder wünschte der Geehrteste in der Familie zu sein, baten, Jeglicher für sich auf das beste wie er konnte, den Vater, welcher

---

*) Kampanella scheint dieß in seinem Atheismus tripumpharus anzudeuten: aber B. G. Struwe sagt es in seiner Diff. de doctis Impostoribus ganz bestimmt. Man f. darüber auch la Monnoie in den Menagiana, t. 4, pag. 406, 415.

Schülerblatt

Station VI

schon alt war, wenn er stürbe, ihm doch den Ring zu lassen. Der brave Mann, welcher sie alle gleich liebte, und selbst nicht zu wählen wußte welchen er hierbei vorziehen sollte, hatte einem Jeden den Ring versprochen, und dachte wie er sie alle drei befriedigen könne. Er ließ heimlich bei einem geschickten Künstler zwei andre Ringe verfertigen, welche jenem ersten so gleich waren, daß der Besteller selbst kaum zu unterscheiden vermogte, welches der rechte sei. Da er nun auf den Tod lag, stellte er jedem Sohne heimlich seinen Ring zu. Als aber, nach des Vaters Abscheiden, Jeder auf die Erbschaft und den Vorrang Anspruch machte, und Einer dies dem Andern abtritt; so zogen sie, zum Beweise daß sie es mit Grunde thäten, Alle ihre Ringe hervor. Weil nun diese einander so ähnlich waren, daß sich durchaus der rechte nicht herausfinden ließ, so blieb die Frage: welches der wahre Erbe des Vaters sei? unausgemacht, und ist es noch bis auf den heutigen Tag. Und eben so sage ich Dir, o Herr, über die drei Religionen, welche Gott den drei Völkern gegeben hat, und über welche Du mir die Frage vorlegst. Jedes Volk glaubt, seine wahre Erbschaft, seinen wahren Glauben und seine Gesetze haben zu müssen; welches dieselben aber wirklich hat, darüber ist der Prozeß bis itzt noch nicht entschieden."

Saladin erkannte, wie vortreflich der Jude sich aus der ihm gelegten Schlinge herausgezogen hatte, und beschloß daher, ihm seine Verlegenheit zu eröfnen, und zu sehn ob er ihm freiwillig helfen wolle. Er that dies, und entdeckte ihm zugleich, was er mit ihm vorzunehmen Willens gewesen sei, wenn er nicht so vorsichtig geantwortet hätte, wie er itzt gethan habe. Der Jude unterstützte Saladinen mit allem Gelde, das er forderte, reichlich. Und Saladin ersetzte ihm dasselbe nicht allein nachher völlig, sondern machte ihm noch ungemein große Geschenke, nahm ihn für immer unter die Zahl seiner Freunde auf, und behielt ihn in hohem und ehrenvollen Range bei sich.

Station VII: Zeitschriften in der Aufklärung

Material/Textgrundlage:
Internet

Obligatorische Aufgaben:

a) Informieren Sie sich in einer Literaturgeschichte über den deutschen Buch- und Zeitschriftenmarkt im 18. Jahrhundert und notieren Sie, was Sie über die Zahl der Leser/-innen erfahren, die Zahl und Art der produzierten Bücher, die Zahl und Art der Zeitschriften, die gelesen wurden.

b) Welche Zielsetzung verfolgten die Zeitschriften, die im 18. Jahrhundert herausgegeben wurden, an wen wandten sie sich?

c) Wie erklären Sie den sprunghaften Anstieg der Zahl der herausgegebenen Zeitschriften im 18. Jahrhundert? Was waren die technischen und gesellschaftlichen Ursachen?

d) Analysieren Sie Aufbau, Inhalt und Sprache der *Vorrede* der Herausgeber der Berlinischen Monatsschrift. Was ist ihre Motivation für die Herausgabe der Zeitschrift? Welches Ziel verfolgen sie mit ihrer Zeitschrift? Wie wollen sie vorgehen, welche Methode verfolgen sie? Wen wollen sie mit ihrer Zeitschrift erreichen? Formulieren Sie Ihre Antwort in eigenen Worten.

e) Wählen Sie das Inhaltsverzeichnis eines beliebigen Jahrgangs der Berlinischen Monatsschrift und erstellen Sie ein Schaubild über Zahl der Artikel, Zahl und Art der behandelten Themen und Zahl der Autoren. Zeigen Sie dabei in Ihrem Schaubild auch deutlich auf, welche Themenbereiche im Vordergrund stehen, welche Themenbereiche nicht behandelt werden und welche Textsorten (auf den ersten Blick) vorherrschen.

f) Die Zeitschrift als Diskussionsorgan – trifft das auf die Berlinische Monatsschrift zu?

g) Erstellen Sie eine aufklärerische Zeitschrift zu einem aktuellen Thema. Sammeln Sie dazu in nächster Zeit Artikel aus verschiedenen Zeitungen oder Zeitschriften zu einem Sie interessierenden Themenbereich, der gerade Gegenstand öffentlicher Auseinandersetzung ist und stellen Sie die verschiedenen Meinungsäußerungen, Informationen, Aussagen, Berichte in einer Zeitschrift zusammen, um den Stand der Diskussion zu dokumentieren.

Fakultative Aufgaben:

h) Informieren Sie sich über die Lebensläufe der beiden ersten Herausgeber der Berlinischen Monatsschrift. Aus welchen familiären Verhältnissen stammten sie? In welchen Bereichen waren sie tätig? Sind die Lebensläufe typisch für die Aufklärung?

i) Entwerfen Sie ein Konzept, wie Sie heutzutage Aufklärung betreiben könnten. Welches Medium würden Sie benutzen, wie würden Sie vorgehen, welche Themen würden Sie behandeln? Legen Sie Ihre Vorstellungen in einem Schaubild, einem kurzen Essay (vergleichbar der „Vorrede") oder einem Rollenspiel dar.

Station VII

Vorrede.

Unter den vortreflichen, guten, mittelmäßigen und schlechten periodischen Schriften, womit unser Vaterland bereichert, beschenkt, überschwemmt, und heimgesucht wird, – tritt nun auch unsere Berlinische Monatsschrift auf: schüchtern genug, weil sie ihre Schwäche und den Abstand von ihrem Ideale kennt; doch auch einigermaßen zutraulich, weil sie von mehrern wakkern und berühmten Männern Aufmunterung und Hülfe theils erhalten hat, theils wird. Wenn Eifer für die Wahrheit, Liebe zur Verbreitung nützlicher Aufklärung und zur Verbannung verderblicher Irthümer, und Ueberzeugung einer nicht verdienstlosen Unternehmung, wenn diese drei Eigenschaften eines Verfassers oder Herausgebers seinem Werke einen Werth geben könnten, wie sie freilich wohl nicht können; so müßte unsere Schrift keine der schlechtesten sein.

Zu dem Berufe legen wir noch ganz kurz unsern Plan zu Anfange dieses ersten Stükkes vor, und bitten Jeden, der an demselben und an unsrer Gesellschaft nichts auszusetzen hat, dies Werk, das leicht gemeinnützig werden kann, durch Beiträge die hineinpassen und die er uns gönnen will, zu bereichern. Unser Plan ist die höchste Mannichfaltigkeit, in so weit diese mit angenehmer Belehrung und nützlicher Unterhaltung bestehen kann. Namentlich können wir folgende Rubriken angeben: 1) Nachrichten aus dem gesamten Reiche der Wissenschaften, vorzüglich von neuern Entdekkungen, in so fern sie allgemein merkwürdig und auch dem Nichtkenner interessant sind; 2) Beschreibungen von Völkern und deren Sitten und Einrichtungen, am liebsten aus den uns nähern Ländern; 3) Beobachtungen über alles, was den Menschen betrift, und uns weiter in der Kenntniß unsrer selbst und unsrer Brüder bringen kann; 4) Biographische Nachrichten von merkwürdigen, vorzüglich noch nicht nach Verdienst bekannten Menschen; 5) Beiträge zur Ausbildung und Kenntniß deutscher Sprache und Litteratur in ältern und neuern Zeiten; 6) Uebersetzungen wichtiger, noch zu wenig genutzter, Meisterstükke des Alterthums; 7) Auszüge aus seltnen merkwürdigen Schriften des Auslandes: 8) Abhandlungen vermischter Art und mannichfachen Inhalts, die in den Ton unsers Planes stimmen. – Dieses erste Stük konnte unmöglich Aufsätze aus allen diesen Arten liefern; aber keine derselben, und wenn wir auch künftig noch mehrere gemeinnützige kennen lernen, keine soll ausgeschlossen bleiben. Dankbar nehmen wir Beiträge an; und eifrig sorgsam soll unser Bestreben sein, nur wirklich Nützliches und Angenehmes unsern Lesern vorzulegen.

Monatlich erscheint ein Stük von 6 bis 7 Bogen geheftet. Sechs Stücke machen einen Band. Mit dem 6ten Stük wird der Haupttitel ausgegeben. Der Gedanke des Verlegers, zuweilen (wenigstens vor dem ersten Stük jedes Bandes) ohne Erhöhung des Preises, einen saubern und getreuen Kupferstich von einem merkwürdigen verdienten und noch nicht durch Bildnisse bekannten Mann zu liefern, kann unmöglich anders als dem Publikum gefallen.

Geschrieben Berlin am Ende des Dec. 1782.

Die Herausgeber. G. u. B.

Inhalt des Jahrgangs 1783/1. Halbjahr

Author/beteiligte Person	Aufsatztitel
Wagner	K. A. Frh. von Zedlitz Königl. Preußischer Statsminister, gebohren 1731.
Biester, J. E.	Vorrede.
Gedike, F.	Die neue Monatsschrift. Eine Allegorie.
Eberhard, J. A.	Ueber den Ursprung der Fabel von der weißen Frau.
Gedike, F.	Nachtrag zu der Legende von der weißen Frau.
Moritz, K. P.	An die Thätigkeit.
Blum, J. C.	An den Herrn J. S. Den 23. Mai 1782.
Biester, J. E.	Der vorgebliche neue Messias in Berlin.
Nicolai, F.	Einige Nachrichten von Nürnberg.
Gedike, F.	Gibraltar.
Klose, S. B.	Bemerkungen auf einer Reise durch die Lausitz und Sachsen.
M., F. G.	Die Zeit.
Stosch, S. J. E.	Ueber die mit Stein, Stok und Blut zusammengesetzten Wörter.
Spalding, G. L.	Parodie einer Ode des Horaz: Septimi Gades aditure mecum.
Zöllner, J. F.	Vergleichung der Aktion des Predigers mit der des Schauspielers.
Heyne, C. G.	Ueber Papst Leo des Großen Reisen zum Attila und Genserich.
Bieter, J. E.	Ist Kursachsen das Tribunal der Sprache und Litteratur für die übrigen Provinzen Deutschlands?
Nicolai, F.	Einige Nachrichten von der Nürnbergischen Industrie.
Teller, W. A.	Anfrage an die Herren Herausgeber der Berlinischen Monatsschrift.
Biester, J. E.	Antwort der Herausgeber.
Schneider, J. G.	Geschichte der Kunst unter dem Wasser zu leben.
Ovidius Naso, Publius	Medea.
Biester, J. E.	Bemerkungen auf einer Reise in Schlesien.
Blum, J. C.	Ueber die lateinischen Dichter des 15ten bis 17ten Jahrhunderts.
Stamford, H. W. v.	Elegie. Am Grabe meines Freundes, des Hauptmanns von Warnsdorf, am 7ten Febr. 1783.
Schwager, J. M.	Noch ein neuer Messias.
Gedike, F.	Ueber das Studium der Litterarhistorie, nebst einem Beitrage zu dem Kapitel von gelehrten Schustern.
Moritz, K. P.	Ein Brief aus London.
Gedike, F.	Epistel an meinen Freund Zöllner. Berlin, den 29. Oktbr. 1782, an seinem Hochzeittage.
H.	Ueber den Zustand der Musik in Neapel.
Ramler, K. W.	Lob der Gottheit.
Schummel, J. G.	Ueber König Karls XII. von Schweden Tod.
Schmohl, J. C.	Von dem Ursprunge der Knechtschaft in der bürgerlichen Gesellschaft.
[Anonym]	Was nicht gut ist; und was besser wäre.
Biester, J. E.	Der Monddoktor in Berlin.
Herz, M.	Die Wallfahrt zum Monddoktor in Berlin.
H-l, J. F.	Die Freiheit Amerika's. Ode.
Finkenstein, F. L. K. Graf Fink v.	Ueber Adelungs deutsche Sprachlehre.

Station VII

Author/beteiligte Person	Aufsatztitel
Reichardt, J. F.	Komposition des Göthischen Liedes: Ein Veilchen auf der Wiese stand.
Bruns, P. J.	Verfassung der Universität Oxford. (Brief eines Reisenden.)
Niemeyer, A. H.	Epistel an meinen Freund K. Nach seiner Abreise.
Schuckmann, K. F. v.	Von dem Entstehungsgrund der Gesellschaft.
Stosch, S. J. E.	Haben wir klassische Schriftsteller im Deutschen?
Sannazaro, J.	Grabschrift Pabst Alexanders des VIten.
Zöllner, J. F.	Etwas von Vorurtheilen und Aberglauben.
[Anonym]	Nachrichten von dem neuesten Hexenprocesse in Glarus.
Schwager, J. M.	Versuch einer Schutzschrift für die Westphälinger.
H., C. F. L.	Herkules an Elliot, eine Ode.
Klopstock, F. G.	Der Unterschied. Eine Ode.
Möser, J.	Von dem wichtigen Unterschiede des würklichen und förmlichen Rechts.
Göckingk, L. F. G. v.	Epistel an Herrn Leibarzt, Hofrath Weikardt, in Fulda.
Biester, J. E.	Fortgesetzte Bemerkungen auf einer Reise in Schlesien.
Parker, T. [Bearbeiter]	Schiksale des afrikanischen Prinzen Dgiagola, nebst einem wörtlich übersetzten Brief von ihm selbst.
[Anonym]	Ueber Herrn Nikolai's Nachrichten von Nürnberg.
Finkenstein, F. L. K. Graf Fink v.	Ueber Adelungs deutsche Sprachlehre.
Schwager, J. M.	Nachricht von einer hysterischen Jungfer in Lengerich, in der Grafschaft Tecklenburg, die es mit dem Teufel zu thun haben will.
[Anonym]	Vom Nutzen und Gebrauch der Klindworthschen Uhr, wenn man Entfernungen nach dem Schalle messen will.

Stationsmaterial

Station VIII: Tugenden

Material/Textgrundlage:
B. Franklin/J.E. Biester: Anleitung zur praktischen Uebung der Tugend, Neue Berlinische Monatsschrift, Februar 1799, S. 83–110.
Begriffskarten

Obligatorische Aufgaben:

a) Wie verbringen Sie einen durchschnittlichen (Schul-)Tag? Erstellen Sie eine Liste, geben Sie für die 24 Stunden eines Tages an, auf welche Weise Sie sie verbringen.

b) Vergleichen Sie Ihre Liste mit der Liste Franklins. Welche Unterschiede zeigen sich (z. B. Stellenwert von Arbeit, Freizeit, Schlaf ...)?

c) Lesen Sie die *Anleitung zur praktischen Uebung der Tugend*. Wie definiert Biester Tugend, was bedeutet sie für Franklin? Welche Verhaltensregeln geben sie den Lesern?
Formulieren Sie Ihre Antwort in eigenen Worten und überlegen Sie, ob Aspekte fehlen, die Ihrer Meinung nach ebenfalls zu dem gehören, was Tugend ausmacht.

d) Informieren Sie sich über das Leben von Benjamin Franklin. Warum wählt Biester Franklin als Beispiel? Warum veröffentlicht er Franklins Text in der Berlinischen Monatsschrift?

e) Warum gibt sich die bürgerliche Gesellschaft des 18. Jahrhunderts praktische Verhaltensregeln? Braucht sie diese?

f) Ordnen Sie die Begriffskarten thematisch und hierarchisch. Wählen Sie dann eine Karte aus und stellen Sie den genannten Begriff symbolisch dar. Zeichnen Sie das Symbol auf eine der leeren Karten, damit auf diese Weise im Laufe des Lernzirkels ein vollständiges Memoryspiel entsteht, das Sie dann gemeinsam mit anderen Schüler/-innen spielen können (es wäre daher von Vorteil, wenn Sie einen Begriff auswählen, den noch niemand vor Ihnen dargestellt hat ...).

Fakultative Aufgaben:

g) Wie interpretieren Sie den Titel des Textes von Franklin – welches Menschenbild liegt ihm zugrunde?

h) Was glauben Sie: Ist die Liste, ist der Text ernst gemeint oder handelt es sich um eine Satire? Woran können sie das erkennen?

i) Erstellen Sie eine eigene (ernsthafte oder satirische) Tugend-Liste.

Anleitung zur praktischen Uebung der Tugend

von
Benjamin Franklin.

Unser Zeitgenosse der große Franklin ist, als Mensch, als Gelehrter, als Staatsmann, so bewundernswehrt und zugleich so verehrungswürdig, daß jede kleine Nachricht von ihm willkommen sein muß. Die Berl. Monatsschrift lieferte schon bei seinen Lebzeiten einen kurzen Abriß seines Charakters und seiner Schriften, und nach seinem Tode ein paar einzeln erschienene Aufsätze aus seinem Nachlaß. Noch giebt es keine vollständige Sammlung seiner Werke, die er sämmtlich in Englischer Sprache schrieb. Er verfertigte selbst seine Lebensbeschreibung. Nur ein Stück davon, „eine Jugendgeschichte“ ist gedruckt, und zwar (so viel ich weiß) bisher nicht im Originale, sondern bloß in der Französischen Uebersetzung, woraus unser vortreflicher Bürger es verdeutschte (1792). Die herzliche Naivität des gutmüthigen Alten zieht die Leser eben so sehr an, als seine edle Tugendliebe, und sein Eifer den Nachkommen nützlich zu sein. Itzt ist wiederum ein noch ungedrucktes Bruchstück seiner Biographie in Französischer Sprache erschienen, in der Décade philosphique litéraire et politique, No 15, vom 18 Februar 1798, p. 345–358. Es schließt sich gerade an jene Beschreibung „der Jugendjahre“ an. Die Leser erhalten es hier in einer getreuen Uebersetzung.

Franklin war 1706 geboren, und starb 1790. Er schrieb, wie er selbst sagt, den nachstehenden Aufsatz im 79sten Jahre seines Alters: also 1785, fünf Jahre vor seinem Tode. Er redet darin von einem 1730 gefaßten Vorhaben, und dessen damaliger und nachher fortgesetzter Ausführung: also von dem was er als ein junger Mensch von 24 Jahren sich zum Ziel steckte, und gleich mit so glücklichen Schritten zu erstreben anfing. Und dies Ziel? war Tugend, moralische Vollkommenheit, Bildung und Uebung zu allem was Edel und Gut und Schön ist. Welch ein Jüngling! und nachher welch ein Mann! Durch Fleiß und Rechtschaffenheit, arbeitete er sich aus niederem Stande zu einem reichen Bürger, zu einem Gelehrten, zu einem hohen Staatsbeamten, zu dem Wohlthäter einer halben Welt empor. Immer aber blieb er dabei, bis in sein Greisenalter, ein höchst liebenswürdiger Mensch im Umgang und in allen Verbindungen, munter, geistvoll, gutmüthig. Er ist, wie einer der Berühmtesten, so auch einer der Weisesten, Tugendhaftesten, und Glücklichsten, in der gesammten Geschichte der neueren Zeit.

Wenn ein solcher Mann von sich selbst spricht, und gleichsam Rechenschaft ablegt von seinen Versuchen und Bemühungen dahin zu gelangen wo wir ihn nachher erblicken; wer wird nicht gerne zuhören? – Allerdings hat die Tugend nicht Lebensgenüsse und Glücksgüter zum Endzweck. Aber ewig wahr bleibt es doch auch, und ewig nützlich den Jünglingen gesagt zu werden: daß nur Mäßigkeit ihren Körper gesund und ihren Geist hell und thätig erhalten kann, daß Sparsamkeit zum Wohlstand und zur Unabhängigkeit führt, daß man durch Ordnung Zeit und Geld und Alles spart. Wenn Vermögen und Ansehn immer wünschenswehrt sind, und in den Händen guter Menschen ein Segen ihrer Mitbürger werden; warum soll man nicht einen Jüngling durch die wahre Betrachung aufmuntern: daß zusammen verbundene Geschicklichkeit und Redlichkeit, wie verderbt die Welt auch sei, nie so leicht ihren Mann verlassen, daß sie selbst den Aermsten empor bringen werden? – Zwar muß die Moralität auf das Innere gehn. Aber sie soll doch auch das Aeußere nicht verschmähen. Es giebt auch eine Tugend der Klugheit. Es giebt gute, und selbst moralische Eigenschaften welche zunächst die äußere Erscheinung betreffen. Dahin gehört Alles was man unter einen bescheidenen, gefälligen Betragen versteht. Wer es hat, dem kann die reine Herzensgüte noch im-

Station VIII

mer mangeln; obgleich er selten lange seine Bekannten täuschen, und auch selten sich lange in jenem Aeußern üben wird ohne an der inneren Güte etwas zuzunehmen. Wer jenes erste nicht hat, dem darf man diese letzte darum noch nicht absprechen. Ein wirklich wohlgesinnter Mann kann durch sein rauhes Benehmen empören, durch seinen zudringenden Widerspruch beleidigen. Allein nicht ohne Ursache haben viele gebildete Nazionen die Sitten mit einem Namen bezeichnet der an die Sittlichkeit erinnert. Es ist etwas Moralisches, Sitten zu haben, und sich zu bestreben sie zu haben. Franklin lehrt uns, daß ein unbescheidenes Betragen, eine unanständige Widerspruchsart, nicht nur überhaupt die Zuneigung der Mitbürger entfernt, sondern vornehmlich das Vertrauen und den Einfluß schwächt, den jeder sich bisweilen gerne wünschen mögte, und den ein Geschäftsmann zu erlangen sich zur Pflicht machen muß.

Diese Eigenschaften sich gleichsam anzugewinnen, und sie zu Fertigkeiten zu erhöhn, dazu gebrauchte Franklin ein Mittel, welches er selbst einmal einen „kleinen Kunstgrif" nennt. Allerdings soll die Tugend nichts Mechanisches sein. Aber Manche scheinen diesen wahren Ausspruch so zu verstehn, als ob mit dem bloßen Grundsatze eines erhabenen Systemes nun Alles gethan sei. Beim Handeln tritt auch hier, wie überall, das Mechanische ein. Dem Grundsatz täglich zu folgen, seine Anwendung auf jede einzelne Tugend sich leicht zu machen, der zur Natur gewordnen bösen Neigung eine bessere Gewohnheit entgegen zu stellen: das sind mechanisch zu erlangende Geschicklichkeiten. Es gab eine Zeit von Schwärmern in den schönen Künsten unter uns, welche dem Genie nicht nur den höchsten sondern den einzigen Platz einräumten, und alle Regeln, auch die welche zur Hervorbringung eines Werkes die nöthigsten sind, verachteten. Fast scheint eine ähnliche Art von mißverstehenden, übertreibenden, unnützen, schädlichen, Schwärmern in der Moralität hervorzukommen. Wie! die Erfindung und Ausführung eines bedeutenden Kunstwerkes, ja selbst eine richtige Nachzeichnung, eine geschmackvolle Uebersetzung, ein gutes Klavierspielen zu eigenem Vergnügen, erfordern jahrelanges Studium und fortgesetzte Uebung; und die göttlichste Kunst, die Tugend, sollte durch einen augenblicklich auswendig gelernten Grundsatz vollendet sein? – Hierin eben scheint mir Franklin's Aufsatz von dem größten Nutzen. Nichts ist, nebst der Anleitung wie man sich vervollkommnen soll, wichtiger als die deutlich vor Augen gelegte Wahrheit: daß man sich erst vervollkommnen muß, daß Nachdenken, Aufmerksamkeit, Uebung, Sorgfalt, hiezu nöthig sind. Wenn man bloß den Dichter und Künstler liest oder hört, so kömmt einem, wie groß und schön das Werk auch sei, doch Alles so natürlich und gleichsam von selbst herbeigeführt vor, daß man es nur für den leichten Ausguß einer gerührten Seele halten mögte. Wenn man den tugendhaften Mann in seinem Gleichmuth, seiner Thätigkeit, seinem Wohlwollen sieht, so wird man verleitet Alles der glücklichen Stimmung seiner Gemüthsbeschaffenheit zuzuschreiben. Doppelt dankenswehrt ist es daher wenn der Meister uns sein eigenes Kunstleben beschreibt, wenn wir hier lernen wie sauer es ihm ward, wie er sich vorbereitete, sich prüfte, sich übte, sich anstrengte: bis endlich die Darstellung seiner Idee, deren erste Auffassung freilich schon ein hohes Talent anzeigt, ihm zur geläufigen Fertigkeit wurde. Jeder welcher auf der nehmlichen Laufbahn zu demselben Ziele strebt, wird dann begreifen, was ungefähr zu thun ihm nöthig sei, und wie ungefähr er es thun müsse.

***

Um diese Zeit (1730) faßte ich den kühnen und schwierigen Vorsatz, zur moralischen Vollkommenheit zu gelangen. Ich wünschte, während meiner Lebenszeit keinen einzigen Fehler in keinem einzigen Augenblicke zu begehn; ich wollte, über Alles was mich dazu verleiten konnte, Herr werden: über den natürlichen Hang, die Gesellschaft, oder den Gebrauch. Da ich das Gute und das Böse kannte, oder doch zu kennen glaubte; so sah ich nicht ein, warum ich nicht immer das erste sollte thun und das zweite unterlassen können. Allein ich fand nur zu bald, daß das Unternehmen weit schwerer war als ich es mir Anfangs vorgestellt hatte: während ich

Schülerblatt

Station VIII

Aufmerksamkeit anwandte und Sorge trug mich vor einem Fehler zu hüten, fiel ich oft unvermerkt in einen andern. Die Gewohnheit wußte meine Unachtsamkeit zu benutzen, oder die Neigung war für meine Vernunft zu stark.

Endlich schloß ich: daß, so sehr man auch theoretisch überzeugt sei, unser eigener Vortheil erheische es vollkommen tugendhaft zu sein, diese Ueberzeugung doch nicht hinreiche unsre Fehltritte zu verhüten: daß man vielmehr erst die entgegenstehenden Gewohnheiten vernichten, gute erlangen, und sich darin befestigen müsse, ehe man auf eine beharrliche und gleichförmige Richtigkeit des Lebenswandels rechnen dürfe. Und diesem zu Folge, ersann ich für meinen Endzweck die nachstehende Methode:

In den verschiednen Aufzählungen der moralischen Tugenden, die mir beim Lesen vorgekommen waren, enthielt das Verzeichniß mehr oder weniger Namen, je nachdem die Verfasser mehr oder weniger Begriffe unter einerlei Ausdruck verbunden hatten. Die Enthaltsamkeit z.B. bezog sich bei Einigen bloß auf das Essen und Trinken; Andere hingegen verstanden darunter die Mittelstraße überhaupt bei allen übrigen Vergnügungen, bei allen Begierden, Neigungen, oder Leidenschaften, des Körpers und der Seele, ja selbst bei der Ehrfucht und beim Geldgeiz. Ich beschloß, größerer Deutlichkeit wegen, lieber mehr Namen zu gebrauchen und mit jedem nur wenig Begriffe zu bezeichnen, als in Wörtern sparsam zu sein und damit viele Begriffe zu verknüpfen. Ich umfaßte in dreizehn Benennungen von Tugenden alle diejenigen welche ich damal für nöthig oder wünschenswehrt hielt; und fügte zu jeder eine kurze Regel, welche hinlänglich zeigte in welchem Umfang ich das Wort nähme. Hier sind diese Tugendbenennungen, mit ihrer Regel.

1. Nüchternheit. Iß nicht bis zu dem Grade dich schwerfällig zu fühlen; trinke nicht soviel daß dein Kopf angegriffen werde.
2. Schweigen. Sprich nur das was Andern oder dir selbst nützlich sein kann. Vermeide läppische Unterredungen.
3. Ordnung. Jedes Ding habe seinen angewies'nen Platz; jedes Geschäft seine bestimmte Zeit.
4. Vorsatz: Nimm dir vor, zu thun was du thun mußt; und thue, unfehlbar, was du dir vorgenommen hast.
5. Sparsamkeit. Gieb kein Geld aus, als zum Nutzen Anderer oder deiner selbst; das heißt, mache keine unvernünftige Ausgaben.
6. Fleiß. Laß keine Zeit verloren gehn; beschäftige dich immer mit etwas Nützlichem; enthalte Dich jeder Handlung die nicht nützlich ist.
7. Aufrichtigkeit. Gebrauche nie Schadenbringende Einkleidungen; deine Gedanken seien schuldlos und recht, und deine Rede stimme mit ihnen überein.
8. Gerechtigkeit. Füge Niemanden Schaden zu: weder dadurch daß du ihm Unrecht thust; noch dadurch daß du versäumst, ihm das Gute zu thun welches deine Pflicht erheischt.
9. Mäßigung. Vermeide alles Aeußerste. Hüte dich über eine Beleidigung erbittert zu werden, in dem Verhältniß wie du dazu Recht zu haben glaubst.
10. Reinlichkeit. Leide keine Unreinlichkeit an deinem Leibe, an deiner Kleidung, in deinem Hause.
11. Gemüthsruhe. Laß dich nicht durch Kleinigkeiten beunruhigen, nicht durch gewöhnliche, nicht durch unvermeidliche Vorfälle.
12. Keuschheit. Ueberlaß dich selten der sinnlichen Liebe; übe sie nur deiner Gesundheit wegen, oder um Kinder zu haben; nie so daß du dich abstumpfest oder schwächst, nie so daß du der Ruhe und dem guten Namen von dir oder von Andern schadest.
13. Demuth. Ahme Jesus und Sokrates nach.

Da es mein Plan war mir alle diese Tugenden anzugewöhnen, so hielt ich es für gut, statt durch das Bestreben sie alle zugleich zu erlangen meine Aufmerksamkeit zu theilen, diese eine Zeitlang auf eine derselben zu richten, und wenn ich ihrer (dieser einen Tugend) gewiß

Station VIII

wäre, zu einer andern fortzuschreiten, bis ich sie alle dreizehn geübt hätte. Da ferner die vorläufige Erlangung einiger Tugenden den Besitz einiger andern erleichtern konnte, so ordnete ich sie in dieser Rücksicht, so wie man es hier gesehen hat. Die Nüchternheit stand oben an, weil sie das Blut ruhig und den Kopf hell erhält: zwei nothwendige Stücke, wenn man eine beharrliche Aufmerksamkeit anzuwenden hat, und auf seiner Hut sein muß gegen den unnachlassenden Reiz alter Gewohnheiten, und die Macht immerwährender Versuchungen.

War diese Tugend einmal erlangt und befestigt, so wurde nun das Schweigen viel leichter. Mein Wunsch ging dahin, zugleich während ich mich in der Tugend vervollkommnete, Kenntnisse zu erwerben; und ich bedachte daß hiezu in der Gesellschaft das Ohr viel nützlicher als die Zunge ist. Demzufolge wollte ich mich von der Gewohnheit losreißen, die mich trieb zu plaudern, Einfälle vorzubringen, Späße zu machen, wodurch ich nur in leichtsinnigen Zirkeln willkommen sein konnte; und räumte also dem Schweigen die zweite Stelle ein.

Durch Hülfe desselben, und durch die dann folgende Ordnung, hoffte ich mehr Zeit zu gewinnen, um meinen Plan und meine Studien weiter zu führen. Der Vorsatz, einmal zur Gewohnheit geworden, mußte mich in der Kraft stärken, die übrigen Tugenden zu erlangen. Sparsamkeit und Fleiß sollten mich aus den Schulden ziehen, mir Vermögen und Unabhängigkeit verschaffen, und so mir die Ausübung der Aufrichtigkeit, der Gerechtigkeit, u. s. w., u. s. w., erleichtern.

Nun schloß ich weiter: daß – nach der Regel welche Pythagoras in seinen goldnen Sprüchen giebt – eine tägliche Prüfung nöthig wäre; und um diese zu bewerkstelligen, traf ich folgendes Mittel.

Ich machte mir ein kleines Buch, worin ich jeder Tugend eine Seite anwies, die ich mit rother Dinte so bezog daß 7 Abtheilungen da waren, für die einzelnen Wochentage, die ich mit dem Anfangsbuchstaben bezeichnete. Diese Abtheilungen durchzog ich mit 13 rothen Queerlinien, an deren vorderm Ende ich die Anfangsbuchstaben jeder Tugend schrieb. Auf dieser Linie, und in der gehörigen Abtheilung, konnte ich dann durch ein kleines Zeichen mit Dinte alle Fehler anmerken, die ich an jedem Tage gegen die benannte Tugend begangen zu haben anerkennen mußte.

Abbildung der Seiten.

Nüchternheit.
Iß nicht bis zu dem Grade dich schwerwerfällig zu fühlen; trinke nicht so viel daß dein Kopf angegriffen werde.

	S.	M.	D.	M.	D.	F.	S.
Nüchternheit							
Schweigen							
Ordnung							
Vorsatz							
Sparsamkeit							
Fleiß							
Aufrichtigkeit							
Gerechtigkeit							
Mäßigung							
Reinlichkeit							
Gemüthsruhe							
Keuschheit							
Demuth							

Ich nahm mir vor, eine Woche hindurch jede einzelne Tugend strenge zu beobachten; in der ersten Woche also, hütete ich mich sorgfältigst der Nüchternheit irgend zu nahe zu treten, und überließ die andern Tugenden ihrem gewöhnlichen Gange, nur daß ich jeden Abend die Fehler des Tages aufzeichnete. In dem Fall also, wo ich in der ersten Woche meine oberste mit Nüchternheit bezeichnete Linie rein erhalten konnte, sah ich die Fertigkeit dieser Tugend als genug bestärkt an, und die Feinde derselben, die entgegengesetzten Neigungen, als hinlänglich geschwächt, um meine Aufmerksamkeit weiter auszudehnen, die folgende Tugend mit hinzuzunehmen, und in der nächsten Woche zwei Linien ohne Merkzeichen zu haben.

Wenn ich so bis zur letzten ging, konnte ich meinen Plan völlig in dreizehn Wochen, und

Station VIII

viermal in einem Jahre, durchüben [den Kursus machen]: sowie Jemand der einen Garten in Ordnung bringen soll, es nicht unternimmt alles Unkraut auf einmal auszugäten, welches weder seine Arme noch seine Kräfte bestreiten können, sondern jedesmal nur ein Revier bearbeitet, und wenn er damit fertig ist, zum zweiten übergeht. Ich mußte also (wenigstens schmeichelte ich mich dessen) die aufmunternde Freude genießen auf diesen Blättern meine Fortschritte in der Tugend zu sehn, indem ich nach und nah die Merkzeichen in den Linien auslöschte, bis ich endlich nach vielen Wiederhohlungen das Glück hätte, mein Büchlein ganz leer zu finden, wenn ich mich dreizehn Wochen hindurch täglich würde geprüft haben.

Mein Büchlein hatte zur Inschrift die Verse aus Addison's Kato:

> Here will I hold. If there's a power above us (And that there is, all nature cries aloud Thro' all her works), he must delight in virtue. And that which he delights in, must be happy.
> („Hier bleib' ich stehn. Giebt es eine Macht über uns – und daß sie sei, ruft die ganze Natur laut durch alle ihre Werke – so muß sie an Tugend sich erfreuen; und das woran sie sich erfreut, muß Seligkeit sein.")

Ferner eine Stelle aus Cicero:

> O vitae Philosophia dux! o virtutum indagatrix, expultrixque vitiorum! Unus dies bene et ex praeceptis tuis actus peccanti immortalitati est anteponendus.
> („O Leiterinn des Lebens, Philosophie! Hervorbringerinn der Tugenden, Verscheucherinn der Laster! Ein Tag, gut und nach deinen Vorschriften durchlebt, ist einer sündigenden Unsterblichkeit vorzuziehn.")

Imgleichen aus Salomon's Sprüchen (III, 16, 17), wo von der Weisheit und der Tugend die Rede ist:

> „Langes Leben ist zu ihrer rechten Hand, zu ihrer linken ist Reichthum und Ehre. Ihre Wege sind liebliche Wege, und alle ihre Steige sind Friede."

Da ich ferner Gott als den Quell der Weisheit ansah, so hielt ich es für recht und nöthig, seinen Beistand zur Erlangung derselben anzuflehn. Ich entwarf demzufolge dies kurze Gebet, welches ich am Anfang meiner Prüfungstafeln schrieb, um mich dessen täglich zu bedienen.

> „Allmächtige Güte! wohlthätiger Vater! erbarmender Führer! Mehre in mir die Weisheit, aufdaß ich mein wahres Beste erkennen kann; stärke meinen Vorsatz, um auszuüben was sie vorschreibt; laß meine Liebesdienste gegen deine anderen Kinder dir wohlgefallen, als den einzigen mir möglichen Beweis meiner Dankbarkeit für den von dir mir unaufhörlich zukommenden Segen!"

Auch gebrauchte ich dies Gebet, aus Thompson's Gedichten:

> Father of light and life, thou Good supreme!
> O teach me what is good, teach me thyself!
> Save me from folly, vaulty, and vice,
> From ev'ry low pursuit; and fill my soul
> With knowledge, conscious peace, and virtue pure, Sacred, substantial, never fading blifs!
> („Vater des Lichts und des Lebens! höchstes Gut! O lehre mich was gut ist, lehre mich Dich selbst! Rette mich von Thorheit, Eitelkeit, und Laster, von jeder niederen Begierde; und erfülle meine Seele mit Erkenntniß, innerem Frieden, und reiner Tugend, mit heiligem, wahren, nie welkenden Glück!")

Die Regel der Ordnung verlangte daß jedes Geschäft bei mir seine bestimmte Zeit habe. Eine Seite in meinem Büchlein enthielt den nachstehenden Plan zur Anwendung der vierundzwanzig Stunden des natürlichen Tages.

Plan für die 24 Tagesstunden.

Morgenfrage: Was kann ich heute Gutes thun?

5. 6. 7.	Aufstehn, mich waschen, die höchste Güte anrufen, für den Tag die Geschäfte ordnen und die Vorsätze fassen, die angefangnen Studien fortsetzen, frühstücken.

8. 9. 10. 11.	Arbeit.
12. 1.	Lesen oder Rechnungen nachsehn; essen.
2. 3. 4. 5.	Arbeiten.
6. 7. 8. 9.	Alles an seinen Platz stellen, zu Abend essen, Musik oder Erholung oder Gesellschaft, Prüfung des Tages.
10. 11. 12. 1. 2. 3. 4.	Schlaf.

Abendfrage: Was habe ich heute Gutes gethan?

Ich begann die Ausführung dieses Plans mit meiner Prüfung, setzte ihn eine Zeitlang fort, und unterbrach ihn zuweilen. – Ich erstaunte zu finden, mit wie weit mehrern Fehlern ich behaftet war als ich mir vorgestellt hatte; aber ich genoß der Freude sie abnehmen zu sehn.

Da es mir unbequem fiel von Zeit zu Zeit mein Büchlein zu erneuern, wenn es ganz durchlöchert war, indem ich das Papier radierte um die Merkzeichen der alten Fehler zu vertilgen, und dadurch Platz für die neuen bei einer neudurchgeführten Uebung zu gewinnen; so schrieb ich meine Tabellen und meine Regeln auf die elfenbeinernen Blätter eines Taschenbüchleins. Die Linien zog ich mit daurender rother Dinte, und bemerkte meine Fehler mit Bleistift, dessen Schrift ich mit einem nassen Schwamme leicht auslöschen konnte.

Nach einiger Zeit, machte ich diese Uebung [Kursus] nur einmal im Jahre, und nachher nur eine in mehrern Jahren; bis ich sie endlich ganz unterließ, da Reisen, Geschäfte, und eine Menge Angelegenheiten mich von meinem Hause entfernten. Indeß trug ich mein Büchlein immer bei mir. – Mein Plan zur Ordnung fiel mir am schwersten: ob er gleich ausführbar ist, wenn die Geschäfte eines Menschen ihm die Einrichtung seiner Zeit gestatten, wie z. B. für einen Buchdruckergesellen*); so fand ich doch daß er es nicht mehr für einen Meister ist, der in Verkehr mit andern Menschen steht, und oft die Leute mit denen er zu thun hat, zu der ihnen gelegensten Stunde sprechen muß. Auch fand ich es sehr schwer, die Ordnung im Wegräumen der Sachen, Papiere, u. s. w. zu beobachten. Ich war nicht von früh auf an diese Regel gewöhnt, und da ich ein vortrefliches Gedächtniß besaß, so fühlte ich das Uebel das aus Unordnung entsteht, nur in geringem Maaße. Dieser Punkt zwang mich zu einer peinlichen Aufmerksamkeit; meine Verstoße dagegen quälten mich so sehr, meine Fortschritte waren so schwach, und meine Rückfälle so häufig, daß ich mich fast entschloß es mit diesem Fehler nur gut sein zu lassen.

Auch raunte ein Etwas welches sich für die Vernunft ausgab, mir von Zeit zu Zeit ein: daß die übergroße Pünktlichkeit die ich mir selbst auflegte, ein moralischer Blödsinn sei, der mich lächerlich machen würde wenn er bekannt wäre; daß ein vollkommner Charakter das Ungemach hätte ein Gegenstand des Neides und des Hasses zu sein; und daß der welcher Gutes wirken will, eine kleine Anzahl Fehler an sich dulden muß, damit seine Freunde sich gemüthlich bei ihm fühlen.

Die Wahrheit war, ich fand nun einmal daß ich in Absicht der Ordnung nicht zu bessern sei; und itzt, da ich alt bin und mein Gedächtniß abgenommen hat, empfinde ich den Mangel derselben lebhaft. Indeß, obgleich ich nie zu der Vollkommenheit gelangt bin nach welcher ich so sehnlich strebte, und sogar weit davon entfernt geblieben bin, so haben dennoch meine Bemühungen mich besser und glücklicher

*) Bekanntlich war Franklin dies mehrere Jahre seines Lebens hindurch: in Amerika, in London, und nachher wieder in Amerika.

gemacht, als ich ohne den Entschluß zu dieser Unternehmung gewesen sein würde. Sowie Jemand, der nach einer in Kupfer gestochenen Vorschrift seine Hand zu vervollkommnen strebt, ob er gleich nie denselben hohen Grad der Richtigkeit erhalten kann, doch durch seine Anstrengung eine bessere Hand und eine ziemlich gute Schrift erlangt.

Es kann von Nutzen für meine Nachkommen sein, zu erfahren daß diesem kleinen Kunstgriffe (nebst Gottes Hülfe) ihr Vorfahr das beständige Glück seines Lebens bis zu seinem neunundsiebenzigsten Jahre, wo dies geschrieben ist, verdankt hat. Die Unfälle welche seine übrigen Tage treffen können, stehn in der Hand der Vorsehung; aber sollten sie eintreten, so wird das Andenken an sein voriges Glück ihm helfen sie mit Ergebung zu tragen. Er schreibt der Nüchternheit seine lange und dauerhafte Gesundheit zu, und was ihm itzt noch von guter Körperbeschaffenheit geblieben ist; dem Fleiße und der Sparsamkeit, den Wohlstand den er frühe erlangt hat, den Besitz seines Vermögens, und der Kenntnisse, die ihn in den Stand gesetzt ein nützlicher Bürger zu werden, und ihm einigen Namen unter den Gelehrten gegeben haben; der Aufrichtigkeit und Gerechtigkeit, das Vertrauen seines Vaterlandes, und die ehrenvollen ihm gewordenen Aemter. Endlich: dem Einflusse aller dieser Tugenden, wie unvollkommen er sie auch nur erreicht haben mag, glaubt er die glückliche Gemüthsgleichheit und die Munterkeit im Gespräche zu danken zu haben, welche machen daß sein Umgang auch von jüngeren Leuten noch gesucht wird. Er hoft daß einige seiner Nachkommen diesem seinen Beispiele folgen, und sich wohl dabei befinden werden.

Man wird bemerken, daß, obgleich mein Plan nicht ganz ohne Beziehung auf die Religion war, er doch keine Spur eines theologischen Lehrsatzes enthielt. Dies hatte ich mit Fleiß vermieden: denn ich war von dem Nutzen und der Vortreflichkeit meiner Methode so überzeugt, daß ich sie allen Menschen heilsam hielt, für welche Religion sie sich auch erklären mögten; und nahm mir deshalb vor diese Methode einst bekannt zu machen.

Ich wollte einen kleinen Kommentar über jede Tugend schreiben, worin die Vortheile gezeigt werden sollten wenn man dieselbe besäße, und die aus den entgegenstehenden Lastern entspringenden Nachtheile. Dies Buch würde ich die Kunst tugendhaft zu sein genannt haben, weil es die Mittel und Wege die Tugend zu erlangen zeigen sollte, und dadurch von einer bloßen Ermahnung unterschieden gewesen wäre, die, wenn nicht dabei angegeben ist wie man ein rechtschaffener Mann wird, den Worten desjenigen gleichet der (um mich des Ausdrucks eines Apostels zu bedienen) nur im Reden Mildthätigkeit übt, und denen die bloß sind und Mangel haben an täglicher Nahrung, nicht giebt was des Leibes Nothdurft ist, sondern bloß ihnen sagt: Gott berathe euch! wärmet euch und sättigt euch! (Jakob, II, 15, 16.)

Indeß haben es die Umstände so gefügt, daß mein Vorsatz einen solchen Kommentar zu schreiben und herauszugeben, nie hat erfüllt werden können. Zwar brachte ich von Zeit zu Zeit kurze Anmerkungen über die Gesinnungen, die Beweise u. s. w., die ich dort brauchen wollte, zu Papier, und ich habe noch einige derselben; allein die bestimmte Sorgfalt welche ich in den ersten Jahren meines Lebens auf meine eigenen Geschäfte und nachher auf die öffentlichen Angelegenheiten richten mußte, nöthigten mich diese Arbeit aufzuschieben; und da sie in meinem Kopfe mit einem großen und umfassenden Plane zusammenhängt, dessen Ausführung einen ganzen Mann erfordert, und womit mich zu beschäftigen eine unvermuthete Reihe von Aemtern mich bis itzt abgehalten hat: so ist sie unvollendet geblieben.

Meine Absicht war in diesem Werke zu beweisen, daß – bloß auf die Natur des Menschen gesehn – die lasterhaften Handlungen nicht darum schaden weil sie verboten sind, sondern darum verboten sind weil sie schaden; daß selbst für die welche nur hienieden das Glück suchen, ihr einer Vortheil erheischt tugendhaft

zu sein. Und da es immer in der Welt viele reiche Kaufleute, Fürsten, Freistaaten, giebt die zur Verwaltung ihrer Angelegenheiten redliche Geschäftsführer brauchen, und diese selten sind; so wollte ich die Jugend überzeugen, daß durch keine sicherere Eigenschaften ein armer Mensch zu Vermögen gelangen kann als durch Rechtschaffenheit und Zuverlässigkeit.

Meine Liste der Tugenden enthielt Anfangs ihrer nur zwölf. Aber einer meiner Freunde, ein Quäker, sagte mir gutmüthig: daß man mich allgemein für stolz halte, daß ich mich oft so zeige, daß im Gespräch ich nicht damit zufrieden sei Recht zu haben wenn ich über etwas disputirte, sondern auch noch den Andern beweisen wolle daß sie Unrecht hätten; daß ich ferner unhöflich sei, wovon er mich durch Anführung mehrerer Beispiele überzeugte. Ich faßte also den Entschluß, mich wo möglich auch von diesem Laster oder dieser Thorheit zu heilen, zugleich mit den übrigen; und trug noch die Demuth in mein Verzeichniß ein.

Ich kann mich keines großen Fortschritts in der wirklichen Erlangung dieser Tugend rühmen, aber in Absicht ihres Aeußeren gewann ich viel. Ich schrieb mir die Regel vor, nie geradezu der Meinung Anderer zu widersprechen, und verbot mir jede positive Behauptung zu Gunst der meinigen. Ich ging sogar so weit, den alten Gesezzen unsrer Junta*) gemäß, mir alle Ausdrücke zu untersagen die ein völlig beschlossenes Endurtheil anzeigten, als: zuverlässig, unläugbar; wogegen ich die Wendungen gebrauchte: ich denke, ich vermuthe, ich stelle mir vor, daß die Sache so ist, oder: in diesem Augenblick scheint es mir daß. Wenn jemand etwas behauptete was mir ein Irrthum zu sein schien, so versagte ich mir das Vergnügen ihm ins Gesicht zu widersprechen, und ihm sofort einige Ungereimtheiten in seinem Satze zu zeigen; meine Antwort fing damit an: daß in gewissen Fällen oder unter gewissen Umständen seine Meinung richtig wäre, nur in dem Falle wovon itzt die Rede sei, scheine es mir daß ein Unterschied Statt finde, u. s. w.

*) Diesen Namen führte eine von Franklin gestiftete kleine gelehrte Gesellschaft. Man s. Dessen Jugendjahre, von Bürger übers., S. 178 f.

Ich merkte bald den Vortheil dieses meines geänderten Betragens. Die Gespräche worein ich mich mischte, wurden dadurch angenehmer; der bescheidne Ton womit ich meine Behauptungen vortrug, verschafte ihnen schnellere Annahme und geringeren Widerspruch: ich empfand nicht so viel Kränkung, wenn ich etwas Unrecht hatte; und ich gewann es leichter von den Andern, daß sie ihre Irrthümer fahren ließen und mir beitraten, wenn es der Fall war daß ich Recht hatte.

Diese Gemüthsbeschaffenheit, zu der ich mich Anfangs nicht ohne heftigen Kampf gegen meine natürliche Neigung bringen konnte, ward mir hernach so leicht und gewöhnlich, daß vielleicht seit 50 Jahren, wie ich glaube, Niemand sich wird entsinnen können daß mir ein schneidendes Wort entfahren sei*). Dieser Fertigkeit, verbunden mit meinem ehrlichen Rufe, verdanke ich vorzüglich das mir früh gewordene große Zutrauen unter meinen Mitbürgern, wenn ich ihnen neue Einrichtungen, oder einige Aenderungen ihrer alten, vorschlug; imgleichen den großen Einfluß in den Staatsversammlungen, seitdem ich Mitglied derselben ward. Denn ich hatte sonst nur einen schlechten Vortrag, war nie beredt, blieb oft stecken, verstieß häufig gegen die Richtigkeit der Sprache; und gewann doch gemeiniglich die Stimmen für meine Meinung.

Keine unsrer natürlichen Neigungen ist vielleicht schwerer zu überwältigen als der Stolz. Man demüthige ihn, bekriege ihn, schlage ihn zu Boden oder erdrossele ihn in der Luft**): er kömmt immer wieder zum Vorschein.

Vermuthlich erblickt man ihn auch oft in dieser Geschichte, selbst vielleicht da wo ich von seiner Bekämpfung rede; und es wäre möglich daß man mich noch stolz sogar in meiner Demuth fände.

*) Schon vor 16 Jahren leuchtete mir dieser Zug von Franklin, aus seinen Aufsätzen, so sehr ein, daß ich damal sagte: „Er erwartete von der Stimme der bescheidnen Wahrheit und von dem nicht überschrieenen Menschenverstande die einzige Wirkung die ein wohlwollender Schriftsteller erwarten kann. Suaviter in modo, et fortiter in re! ist sein Charakter, u. s. w." Berl. Monatsschrift, 1783 Julius, S. 25.

**) Eine Anspielung auf Herkules's Kampf mit dem Riesen Antäus.

Station VIII

Begriffskarten (verkleinert)

Begriffsmemory Aufklärung (1)

Begriffskarten sehr stark vergrößern, kopieren und ausschneiden. Später Begriffe und Symbole trennen, zur besseren Haltbarkeit laminieren.

Autonomie		Entschlusskraft	
Bewusstsein		Erkennen	
Erziehung		Fleiß	
Freiheit		Glaube	
Geduld		Irrtum	
Gleichheit		Klarheit	
Menschenwürde		Natur	

Begriffskarten (verkleinert)

Begriffsmemory Aufklärung (2)

Mut		Ordnungsliebe	
Pflicht		Respekt	
Pünktlichkeit		Rationalismus	
Selbstdenken		Schicksal	
Standhaftigkeit		Trieb	
Tugend		Vorurteil	
Toleranz		Vernunft	
Wahrheit		Wille	

Stationsmaterial

Station IX: Naturwissenschaft und Technik

Material/Textgrundlage:

H. G. Flörke: Über die Strahlenbrechung an den Berlinischen Stadtmauren, Neue Berlinische Monatsschrift, November 1800, S. 378–383.

Obligatorische Aufgaben:

a) Informieren Sie sich über die Entwicklung von Naturwissenschaft und Technik zur Zeit der Aufklärung. Auf welchen Gebieten wurden bahnbrechnde Entdeckungen gemacht?

b) Über welches Phänomen informiert Flörke in seinem Beitrag? Erklären Sie die Erscheinung mit eigenen Worten und nennen Sie das Gebiet der Physik, zu dem sie gehört.

c) Analysieren sie Inhalt und Aufbau von Flörkes Beitrag. Welche Intention verfolgt der Autor? Wie baut er seinen Artikel auf? Wie verläuft sein Gedankengang?

d) Skizzieren Sie einen Versuchsaufbau, mit dessen Hilfe Sie das von Flörke beschriebene Phänomen anderen anschaulich erklären könnten.

e) Setzen Sie Ihren Versuchsaufbau praktisch um, indem Sie ein Modell oder eine genaue Zeichnung Ihrer Versuchsanordnung anfertigen.

Fakultative Aufgaben:

f) Warum erscheint der Berlinischen Monatsschrift Alexander von Humboldt erwähnenswert? Informieren Sie sich über die Artikel, die von ihm und über ihn in der Zeitschrift erscheinen und informieren Sie sich über seinen Lebenslauf.

g) Wählen Sie eines der folgenden Gebiete und erstellen Sie eine Schautafel, auf der Sie seine Entwicklung hin zu einer modernen Wissenschaft und einige der wichtigsten Entdeckungen und Forschungsergebnisse anschaulich aufzeigen: *Mathematik, Physik, Chemie, Biologie, Astronomie, Medizin.*

h) Bereiten sie mit anderen Schüler/-innen eine Podiumsdiskussion zu folgendem Thema vor, und führen Sie sie durch: *„In der Epoche der Aufklärung liegt der Beginn der modernen Naturwissenschaften."*

Station IX

5.
Ueber die Strahlenbrechung an den Berlinischen Stadtmauren.

In den „Allgemeinen Geographischen Ephemeriden, Julius 1800," befindet sich ein Aufsatz über die, besonders erst in neueren Zeiten untersuchte, Erscheinung der so genannten Erhebung der Gegenstände über dem Wasser, oder überhaupt der Strahlenbrechung auf erwärmten Ebenen; worin der verstorbene Büsch unter andern die Vermuthung äußert: daß diese Erscheinung, die in den Aegyptischen Sandwüsten und auf der See ziemlich gemein ist, in Deutschland vielleicht nur auf einer großen Ebene im Holsteinischen zu beobachten sein mögte. – Der Theorie nach, muß dieses Phänomen aber auf jeder etwas ausgedehnten erwärmten ebenen Fläche Statt finden, wenn es gleich im kleinen natürlicherweise auch nur sehr wenig auffallend sein kann.

Die Berlinischen Stadtmauren, die auf mehrern Stellen beträchtliche ebene Flächen darbieten, können hier wenigstens zum Beispiele dienen. Wenn die Sonne eine solche Fläche erwärmt hat, und man sich mit dem Auge derselben nähert, und an ihr hinsieht, so wird man durch das Abspiegeln der Gebäude oder anderer Gegenstände, auf welche die Aussicht hin geht, oder wenn keine da sind, durch das Bild des Himmels an der Mauer wie in einem Spiegel, überrascht.

Am 23. August dieses Jahres hatte ich Gelegenheit diese kleine Entdeckung zu machen. Ich ging Nachmittags um 4 Uhr bei bedecktem Himmel, und nur seltnen kurzen Durchblicken der Sonne, zwischen dem Potsdamschen und Hallischen Thore außerhalb der Stadt längs der Mauer hin. Als ich in die Gegend des letzten Gartens bei dem sogenannten Pfuhle kam, legte ich das Auge nahe an die Mauer, und sah nach der Kaserne des Möllendorfschen Regiments. Hier werd ich gewahr, daß ein Theil dieses weißen Gebäudes mit den Fenstern, so wie ein Theil des Daches, sich an der Mauer abspiegelte. Das Bild flatterte nur sehr wenig, weil die Mauer aus der vorhin angegebenen Ursache nur einen sehr geringen Grad der Wärme hatte; obgleich die Sonne um diese Zeit beinahe senkrecht gegen die Grundlinie der Mauer stand. Dagegen mußte ich aber auch ganz nahe mit dem Auge an der Mauer bleiben, wenn ich den diesmaligen Brechungswinkel nach den Verhältnissen des Orts nicht verfehlen wollte. Mit 2 Zoll Entfernung von der Mauer, stellten sich die ersten Spuren der Spiegelung ein; so wie ich der Mauer näher rückte, ward das Bild ausgedehnter und deutlicher, und der scheinbare Ort desselben an der Mauer näherte sich mir immer mehr. Nach meiner ungefähren Schätzung, mogte der Anfang des Bildes, oder vielmehr die Stelle wo die letzten Strahlen gebrochen wurden, wenn ich mit dem Auge einen Zoll von der Mauer entfernt war, etwa 60 Fuß von mir sein. Jenseit dieses Anfangs, sah ich von dem übrigen geraden Theile der Mauer, der noch mehrere hundert Schritte betragen mogte, nichts, sondern dafür das von der Mauer zurückgeworfene Bild der Kaserne. Zwischen diesem Bilde und dem abgespiegelten Gebäude, machte das etwa 6 Zoll überstehende Dach der Mauer mit seiner dunklen Unterseite, die sich gleichfalls abspiegelte, einen schwarzen Gränzstrich.

Die Brechung der Strahlen geschah wahrscheinlich sehr nahe an der Oberfläche der Mauer, die sehr gerade und eben, wenn gleich mit vielen kleinen dicht anliegenden Fichten bewachsen ist. Dieses schloß ich aus dem ganz unbeträchtlichen Grade der Wärme, den die Mauer hatte sodaß sie die unaufhörlich vom Winde hinzugeführte kühle Luft nur nahe an ihrer Oberfläche etwas erwärmen und ausdehnen konnte; auch hatte das Bild bisweilen eine verhältnismäßig größere Breite, als es bei einem geringeren Brechungswinkel unter den angegebenen Umständen hätte haben können.

Station IX

An eben diesem Nachmittage, ging ich noch nach der Mauer zwischen dem Potsdamschen und Brandenburgischen Thore; und sah, unter einem ähnlichen Winkel wie vorhin, einen Theil der weißen Gebäude die neben dem letztgenannten Thore stehen, an der Mauer, wie in einem Spiegel. Eben dieses war auch an andern Stellen mit andern Gegenständen der Fall.

Am 24 August, nach einer regenhaften kühlen Nacht, sah ich Morgens um 7 Uhr, da die Mauren ganz abgekühlt waren, und die ohnehin bedeckte Sonne sie noch nicht hatte treffen können, nicht die geringste Spur von Strahlenbrechung: welches mich nicht befremdete, da ich auch keine erwartet hatte. Des Nachmittags um 5 Uhr aber, als die Mauren einige Stunden von der Sonne beschienen, und beträchtlich wärmer als am 23sten waren; stellten sich die ersten Spuren der Abspiegelung der Gebäude, auf der nehmlichen Stelle wie Tages zuvor, schon ein, wenn ich noch 2½ Fuß von der Mauer entfernt war. So wie ich mich derselben mehr näherte, nahm das Bild an Ausdehnung zu; und die scheinbare Stelle desselben kam mir so nahe, daß sie vielleicht schon bei 6 oder 9 Fuß von mir ihren Anfang nahm, wenn ich näher als 1½ Zoll mit dem Auge an die Mauer rückte. Doch hatte Alles, der größern Wärme wegen eine flatternde Gestalt, sodaß ich die Theile der abgespiegelten Gegenstände wenig unterscheiden konnte.

Nach der Zeit, habe ich dieses kleine Phänomen weiter zu beobachten versäumt, weil es mir an einigen Instrumenten fehlte, um genauere Messungen; als die angegebenen ungefähren Schätzungen sind, anstellen zu können. – Ich würde mich indeß freuen, wenn ich einen Berlinischen Physiker hiedurch veranlassen sollte diesem Gegenstande einige Aufmerksamkeit zu widmen, und dadurch noch mehr Licht auf die Gesetze der horizontalen Strahlenbrechung zu werfen, die bei verschiedenen Graden der Wärme auch sehr verschieden ausfallen muß.

Berlin
Oktober 1800 H. G. Flörke.

Erforderliche/empfohlene Zusatzmaterialien zum Lernzirkel

Videos:
- George Lucas/Irvin Kershner: Star Wars – Das Imperium schlägt zurück
- NDR: Wir Deutschen. Teil 9: Die Zeit der Vernunft

Audio CD:
- Mozart, Wolfgang A.: Die Zauberflöte (Gesamtaufnahme)

CD-Rom:
- Adelung, J. Ch.: Grammatisch-kritisches Wörterbuch der hochdeutschen Mundart

Gesetze und Verordnungen:
- Grundgesetz für die Bundesrepublik Deutschland
- Lehrplan, z. B. Lehrplan für das bayerische Gymnasium
- Schulordnung, z. B. Schulordnung für die Gymnasien in Bayern (GSO) mit Gesetz über das Erziehungs- und Unterrichtswesen (BayEUG)

Schulbücher:
- Berg (Hg.): Wege durch die Geschichte. Geschiche 11
- Busley u. a.: Geschichtliche Weltkunde. Band 3: Von der Zeit des Absolutismus bis zum ausgehenden 19. Jahrhundert
- Hoffmann, Rösch: Grundlagen, Stile, Gestalten der deutschen Literatur. Neue Ausgabe
- Krywalski, Beimdick, (Hg.): Werk und Wirkung. Fünfzehn Jahrhunderte deutscher Dichtung
- Lindenhahn: Arbeitsheft zur Literaturgeschichte: Aufklärung. Texte – Übungen
- Stadler (Hg.): Texte und Methoden 11. Lehr- und Arbeitsbuch Deutsch
- Wagner, Pelster (Hg.): Colleg Deutsch 1. Arbeitstechniken, Sprachgebrauch, Literatur

Lexika:
- Grimm: Deutsches Wörterbuch
- Kluge: Etymologisches Wörterbuch der deutschen Sprache
- Lennhoff, Posner: Internationales Freimaurerlexikon
- Schneiders (Hg.): Lexikon der Aufklärung: Deutschland und Europa
- Schweikle: Metzler-Literatur-Lexikon. Stichwörter zur Weltliteratur
- Wilpert: Sachwörterbuch der Literatur

Sekundärliteratur:
- Bark, Wittenberg, (Hg.): Epochen der deutschen Literatur
- Beutin, u. a.: Deutsche Literaturgeschichte. Von den Anfängen bis zur Gegenwart
- Bödeker, Herrmann,: Über den Prozeß der Aufklärung in Deutschland im 18. Jahrhundert: Personen, Institutionen und Medien
- Grimm (Hg.): Satiren der Aufklärung
- Hermsdorf: Literarisches Leben in Berlin. Aufklärer und Romantiker

- Hinske, Albrecht (Hg.): Was ist Aufklärung? Beiträge aus der Berlinischen Monatsschrift
- Hofmann: Aufklärung, Tendenzen – Autoren – Texte
- Jung (Hg.): Freimaurerei – kein Geheimnis!
- Kluge, Radler (Hg.): Hauptwerke der deutschen Literatur. Einzeldarstellungen und Interpretationen
- Naudon: Geschichte der Freimaurerei
- Pahlen, (Hg.): Wolfgang Amadeus Mozart: – Die Zauberflöte, Textbuch
- Pütz: Die Deutsche Aufklärung
- Raabe, Schmidt-Biggemann (Hg.): Aufklärung in Deutschland
- Vierhaus: Deutschland im 18. Jahrhundert. Politische Verfassung, soziales Gefüge, geistige Bewegungen

Sonstiges:

- Lösungsvorschläge zu den einzelnen Stationen
- Internet-Zugang

Schülerblatt

Textbeispiel „Was ist Aufklärung?“ in Fraktur

Berlinische Monatsschrift.

1784.

Zwölftes Stük. December.

I.

Beantwortung der Frage:

Was ist Aufklärung?

(s. Decemb. 1783. S. 516.)

Aufklärung ist der Ausgang des Menschen aus seiner selbst verschuldeten Unmündigkeit. Unmündigkeit ist das Unvermögen, sich seines Verstandes ohne Leitung eines anderen zu bedienen. Selbstverschuldet ist diese Unmündigkeit, wenn die Ursache derselben nicht am Mangel des Verstandes, sondern der Entschließung und des Muthes liegt, sich seiner ohne Leitung eines andern zu bedienen. Sapere aude! habe Muth dich deines eigenen Verstnades zu bedienen! ist also der Wahlspruch der Aufklärung.

Faulheit und Feigheit sind die Ursachen, warum ein so großer Theil der Menschen, nachdem sie die Natur längst von fremer Leitung frei gesprochen (naturaliter majorennes), dennoch gerne Zeitlebens unmündig bleiben; und warum es Anderen so leicht wird, sich zu deren Vormündern aufzuwerfen. Es ist so bequem, unmündig zu sein. Habe ich ein Buch, das für mich Verstand hat, einen Seelsorger, der für mich Gewissen hat, einen Arzt, der für mich die Diät beurtheilt, u.s.w. so brauche ich mich ja nicht selbst zu bemühen. Ich habe nicht nöthig zu denken, wenn ich nur bezahlen kann; andere werden das verdrießliche Geschäft schon für mich übernehmen. Daß der bei weitem größre Theil der Menschen (darunter das ganze schöne Geschlecht) den Schritt zur Mündigkeit, außer dem daß er beschwerlich ist, auch für sehr gefährlich halte: dafür sorgen schon jene Vormünder, die die Oberaufsicht über sie gütigst auf sich genommen haben. Nachdem sie ihr Hausvieh zuerst dumm gemacht haben, und sorgfältig verhüteten, daß diese ruhigen Geschöpfe ja keinen Schritt außer dem Gängelwagen, darin sie sie einsperreten, wagen durften: so zeigen sie ihnen nachher die Gefahr, die ihnen drohet, wenn sie es versuchen allein zu gehen. Nun ist diese Gefahr zwar eben so groß nicht, denn sie würden durch einigemahl Fallen wohl endlich gehen lernen; allein ein Beispiel von der Art macht doch schüchtern, und schrekt gemeiniglich von allen ferneren Versuchen ab.

Es ist also für jeden einzelnen Menschen schwer, sich aus der ihm beinahe zur Natur gewordenen Unmündigkeit herauszuarbeiten. Er hat sie sogar lieb gewonnen, und ist vor der Hand wirklich unfähig, sich seines eigenen Verstandes zu bedienen, weil man ihn niemals den Versuch davon machen ließ. Satzungen und Formeln, diese mechanischen Werkzeuge eines vernünftigen Gebrauchs oder vielmehr Mißbrauchs seiner Naturgaben, sind die Fußschellen einer immerwährenden Unmündigkeit. Wer sie auch abwürfe, würde dennoch auch über den schmalesten Graben einen nur unsicheren Sprung thun, weil er zu dergleichen freier Bewegung nicht gewöhnt ist. Daher giebt es nur Wenige, denen es gelungen ist, durch eigene Bearbeitung ihres Geistes sich aus der Unmündigkeit heraus zu wikkeln, und dennoch einen sicheren Gang zu thun.

Daß aber ein Publikum sich selbst aufkläre, ist eher möglich; ja es ist, wenn man ihm nur Freiheit läßt, beinahe unausbleiblich. Denn da werden sich immer einige Selbstdenkende, sogar unter den eingesetzten Vormündern des großen Haufens, finden, welche, nachdem sie das Joch der Unmündigkeit selbst abgeworfen haben, den Geist einer vernünftigen Schätzung des eigenen Werks und des Berufs jedes Menchen selbst zu denken um sich verbreiten werden. Besonders ist hiebei: daß das Publikum, welches zuvor von ihnen unter dieses Joch gebracht worden, sie hernach selbst zwingt darunter zu bleiben, wenn es von einigen seiner Vormünder, die selbst aller Aufklärung unfähig sind, dazu aufgewiegelt worden: so schädlich ist es Vorurtheile zu pflan-

Schülerblatt

„Was ist Aufklärung"

zen, weil sie sich zuletzt an denen selbt rächen, die aber deren Vorgänger, ihre Urheber gewesen sind. Daher kann ein Publikum nur langsam zur Aufklärung gelangen. Durch eine Revolution wird vielleicht wohl ein Abfall von persönlichem Despotism und gewinnsüchtiger oder herrschsüchtiger Bedrückung, aber niemals wahre Reform der Denkungsart zu Stande kommen; sondern neue Vorurtheile werden, eben sowohl als die alten, zum Leitbande des gedankenlosen großen Haufens dienen.

Zu dieser Aufklärung aber wird nichts erfordert als Freiheit. Und zwar die unschädlichste unter allem, was nur Freiheit heißen mag, nämlich die: von seiner Vernunft in allen Stukken öffentlichen Gebrauch zu machen. (...)

Wenn denn nun gefragt wird: Leben wir jetzt in einem aufgeklärten Zeitalter? So ist die Antwort: Nein, aber wohl in einem Zeitalter der Aufklärung. Daß die Menschen, wie die Sachen jetzt stehen, im Ganzen genommen; schon im Stande wären, oder darin auch nur gesetzt werden könnten, in Religionsdingen sich ihres eigenen Verstandes ohne Leitung eines Andern sicher und gut zu bedienen, daran fehlt noch sehr viel. Allein, daß jetzt ihnen doch das Feld geöffnet wird, sich dahin frei zu bearbeiten, und die Hindernisse der allgemeinen Aufklärung, oder des Ausganges aus ihrer selbst verschuldeten Unmündigkeit, allmälig weniger werden, davon haben wir doch deutliche Anzeigen. In diesem Betracht ist dieses Zeitalter das Zeitalter der Aufklärung, oder das Jahrhundert Friederichs.

Ein Fürst, der es seiner nicht unwürdig findet, zu sagen: daß er es für Pflicht halte, in Religionsdingen den Menschen nichts vorzuschreiben, sondern ihnen darin volle Freiheit zu lassen, der also selbst den hochwürdigen Namen der Toleranz von sich ablehnt: ist selbst aufgeklärt, und verdient von der dankbaren Welt und Nachwelt als derjenige gepriesen zu werden, der zuerst das menschliche Geschlecht der Unmündigkeit, wenigstens von Seiten der Regierung, entschlug, und Jedem frei ließ, sich in allem, was Gewissensangelegenheit ist, seiner eigenen Vernunft zu bedienen.

I. Kant.

Königsberg in Preußen, den 30. Septemb. 1784.

Lösungen

Station I: Geschichtliche Hintergründe zur Epoche der Aufklärung

a) und b) *Allgemein:* Religions- und Bürgerkriege in Zentraleuropa während des 17. Jhs., zahlreiche wissenschaftliche Entdeckungen im 17. und 18. Jh., die das mittelalterliche Weltbild endgültig zerstören → Gesellschaftliche Veränderungen: Legitimationsprobleme von weltlichen und klerikalen Herrschen → Zerfall der feudalen Gesellschaftsordnung, Aufstieg des Bürgertums, Zerfall des christlichen Weltbildes

Im Folgenden werden exemplarisch nur einige wenige Ereignisse und herausragende Persönlichkeiten genannt – viele andere Nennungen sind jedoch ebenfalls denkbar!

Frankreich: 1715 Tod Ludwigs XIV. → politischer Radikalismus; 1789 Französische Revolution; 1799 Staatsstreich Napoleons; Rousseau (Philosophie, Erziehung); Voltaire (Philosophie, Literatur); Montesquieu (Philosophie); Gebrüder Montgolfier (Physik: Heißluftballon)

England: (1688 Glorious Revolution → Ende des Absolutismus und der Religionskriege, Beginn eines liberaleren Zeitalters); ab ca. 1750 Industrielle Revolution → Bevölkerungswachstum, Entstehung industrieller Ballungszentren, 1775–1783 amerikanischer Unabhängigkeitskrieg, Verlust der nordamerikanischen Kolonien; Hobbes (Philosophie); Locke (Philosophie); Watt (Naturwissenschaft: Dampfmaschine); Newton (Naturwissenschaft)

Deutschland: (1648 Westfälischer Friede beendet den 30-jährigen Krieg → Zersplitterung in kleine konfessionell geprägte Fürstentümer); 1740 Regierungsantritt Friedrichs II. von Preußen (aufgeklärter Absolutismus); Kant (Philosophie); Lessing (Literatur, Theologie/Philosophie); Lichtenberg (Physik, Mathematik, Literatur); Goethe (Literatur, Naturwissenschaften); Bach (Musik)

c) *Absolutismus:* Regierungsform, in der ein Monarch die alleinige Herrschaftsgewalt besitzt und ohne Zustimmung anderer willkürlich regiert – meist nur zu seinem eigenen Nutzen und ohne Rücksicht auf die Bedürfnisse seiner Untertanen. Der absolutistische Monarch definiert sich als von Gott in seine weit über allen anderen stehende Position eingesetzt (Gottesgnadentum) und vereinigt deshalb in seiner Person alle staatliche Macht, d. h. er steht über den weltlichen Gesetzen und kann diese auch brechen, allein dem göttlichen Recht fühlt er sich verpflichtet.

Aufgeklärter Absolutismus: Der aufgeklärte Monarch dagegen sieht sich als Erster Diener seines Staates, d. h. er regiert nicht mehr nur zu seinem persönlichen Vorteil, sondern sieht es als seine ausdrückliche Verpflichtung an, Frieden und angemessene Lebensbedingungen für alle seine Untertanen zu gewährleisten, beispielsweise durch die Durchführung von Reformen, die dem Gemeinwohl dienen (z. B. Schulreform, Rechtsstaatlichkeit).

e) *Worterklärungen: Tollheit* – Dummheit, Dreistigkeit; état – Stand (1. Stand: Geistlichkeit, 2. Stand: Adel, 3. Stand: städtisches Bürgertum, Handwerker und Bauern), *états generaux* – Generalstände (Versammlung mit Vertretern aller drei Stände, die das Recht hatte, die Steuern festzusetzen; zunächst jew. 300 pro Stand, 1788 Erhöhung der Zahl Vertreter des dritten Standes auf 600, da der dritte Stand allein fast die gesamte Steuerlast zu tragen hatte und deshalb für sich ein größeres Mitspracherecht beanspruchte).

Geschichtlicher Hintergrund: 1789 beruft der französische König wegen einer existentiellen Finanzkrise die Generalstände ein, die seit 150 Jahren nicht mehr getagt hatten. Im Lauf dieser Versammlung kommt es zu Unruhen, weil der dritte Stand nicht länger bereit ist, die größte Steuer- und Abgabenlast zu tragen, ohne wirkliches Mitspracherecht zu bekommen; schließlich konstituiert sich der dritte Stand als Nationalversammlung und nimmt für sich das alleinige gesetzgebene Recht in Anpruch. Den Vertretern des dritten Standes schließen sich zahlreiche Vertreter der anderen beiden Stände an. Die Unruhen steigern sich jedoch weiter, die wachsende Unzufriedenheit der Angehörigen des dritten Standes führt schließlich 1789 zum Ausbruch der Französischen Revolution.

Inhalt: Gleim bezieht sich auf die französische Revolution und die Ereignisse, die zu ihr geführt hatten, er kritisiert den Machtanspruch des dritten Standes, weil er seinen Vertretern die notwendigen intellektuellen Voraussetzungen und Fähigkeiten abspricht. Er spricht diese zwar auch dem französischen Herrscher ab, meint aber, dass man die herrschende Dummheit nun durch die Zahl der Abgeordneten nur vervielfacht, nicht jedoch die Weisheit vergrößert hat.

Sprachliche/stilistische/formale Merkmale: Sonettform (häufig antithetisch –hier „einer“ (V. 5, 8, 9, 11, 14) – „viele“ (V. 1, 4, 5, 12), Reim (Paarreim: aa, bb, cc, dd, ee, ff, cc); direkte Anrede („ihr“ – V. 2, 3, 6); rhetorische Fragen (V . 1/2, 3/4); Ausrufe („Ha!“ – V. 2); antithetische Wortfelder: „Weisheit – Tollheit“ (V. 8, 9, 13), „Demokrat – Despot“ (Untertitel, V. 2, 3, 11), „einer – viele“ (V. 1, 4, 5, 8, 9, 11, 12, 14); kaum Ausschmückungen, dafür ständige Wiederholungen in der Wortwahl (z. B. „zwölfhundert“ – V. 1/5/12, „Einen“ – 5/9/11/14, „wollen“ – V.2/5/7) → Ironie, Sarkasmus

Verstärkt durch die „rationale“ Haltung des lyrischen Ichs, das scheinbar logisch und vernünftig argumentiert und seine eigene Weisheit der Dummheit der Franzosen gegenüberstellt (1. Strophe: Zustandsbeschreibung mit Kommentar – viele regieren nun in Frankreich, 2. Strophe: Behauptung – viele regieren nicht besser als einer, 3. Strophe: Begründung – einer ist leichter zu kontrollieren als viele, 4. Strophe: Schlussfolgerung – vernünftige Menschen lassen sich lieber von nur einer Person regieren) → Gleim zeigt sich damit als entschiedener Gegner der Revolution und der Volksregierung.

g) *Denkbare Argumente:*

- Entwicklung eines eigenen bürgerlichen Bewusstseins in Abgrenzung zum Adel, zum Hof und zum feudalen Klerus, Entwicklung bestimmter bürgerlicher Tugenden (Fleiß, Pflichterfüllung, Leistungswillen, Zuverlässigkeit, wirtschaftliches Denken) schaffen wirtschaftlichen und intellektuellen Erfolg
- Bürgertum als Träger und Verbreiter der Aufklärungsgedanken
- Niedergang der Handwerkerzünfte, die sich gegen Manufakturen und die damit verbundene
- Massenproduktion wehren, in den Städten → wirtschaftliche Erfolge der Stadtbürger, die in die neuen Produktionsmöglichkeiten investieren
- Verbesserung des Schulsystems und der Universitäten: akademisch ausgebildete Bürger etablieren sich in der wachsenden Staatsverwaltung
- das Bürgertum kann nur die unteren und mittleren Verwaltungsstellen übernehmen, alle höheren, machtvollen Positionen nimmt weiterhin der Adel ein, so dass das Bürgertum keine wichtige politische Rolle spielt
- der leichtere Zugang zu schulischer und universitärer Ausbildung führt zu einer steigenden Zahl von akademisch gebildeten Bürgern, für die jedoch adäquate Arbeitsstellen nicht in ausreichender Zahl vorhanden sind → Verarmung, gesellschaftliche Isolation

Station II: Zum Begriff Aufklärung

a) *Chodowiecki:* In einer ländlichen Gegend folgen eine Kutsche, ein Reiter und ein Fußgänger einem Weg, der zu einem inmitten von Bäumen liegenden Dorf führt. Auffällig ist, dass die Menschen und ihre Errungenschaften im Vergleich zu der umgebenden Natur relativ klein gehalten sind. Das Dorf liegt zwar im Mittelpunkt des Kupferstiches, die Aufmerksamkeit wird aber auf die am linken Rand angesiedelte Sonne gelenkt. Diese geht gerade hinter einem Hügel auf, strahlt sehr hell, beleuchtet von außen Dorf, Natur und Menschen und scheint nach und nach die gesamte friedliche Szenerie zu erhellen.

Symbole: Sonne und Lichtstrahlen, Menschen, die sich darauf zu bewegen (→ allmähliche Aufklärung des Menschengeschlechts, friedlicher, von außen geleiteter Vorgang)

Perée: Im Mittelpunkt der Radierung steht auf Trümmern ein beinahe gänzlich unbekleideter Mann, er hat seinen Blick nach oben gerichtet und hält in seinen Händen eine Spitzhacke und Dokument, das die Menschenrechte enthält. Am linken unteren Rand ist eine – noch schwach leuchtende aufgehende Sonne zu erkennen, vom oberen linken Rand einfallend setzt ein Blitzstrahl eine am Boden liegende Krone in Brand. Der Blick des Betrachters wird auf den sehr hell gehaltenen Menschen gelenkt, der sich deutlich von dem ansonsten sehr dunklen Bildhintergrund absetzt.

Symbole: unbekleideter Mann („Adam“, menschl. Urzustand vgl. biblische Schöpfungsgeschichte), Spitzhacke (Mensch befreit sich durch eigenes Tun von seinen Unterdrückern), zerstörte Krone, Adelswappen, Weihrauchgefäß (Macht des königlichen Herrschers, des Adels und des Klerus ist gebrochen), aufgehende Sonne (Aufklärung)
Die Aussagen über die Aufklärung unterscheiden sich deutlich voneinander, auch wenn sich ähnliche Symbole finden. Während Chodowiecki die Aufklärung als einen friedlichen, stetigen Prozess interpretiert, der von außen auf den Menschen einwirkt und nichts Zerstörerisches an sich hat, stellt Perée Aufklärung als einen notwendigen Gewaltakt dar, in dem sich der Mensch durch eigenes Tun von alten Mächten befreit, indem er sie zerstört. Die tatsächliche Aufklärung setzt bei ihm erst dann ein, als der Mensch sich von den alten Fesseln endgültig befreit hat.

b) 2./3.:

Abschnitt	Überschrift	Inhalt	Argumentation
1	Definition des Begriffes Aufklärung	Aufklärung als Ausgang des Menschen aus seiner selbstverschuldeten Unmündigkeit	Einleitung
2	Ursachen der Unmündigkeit	Feigheit und Faulheit als Grund, sich von verschiedenen Autoritäten (z.B. Kirche, Wissenschaft) bevormunden zu lassen	Beleg/Beweis
3	Unmündigkeit als Charakterzug des einzelnen Menschen	Mensch bedient sich nicht seines eigenen Verstandes, weil es für ihn bequemer und ungefährlicher ist, auf andere zu hören	Schlussfolgerung
4	Aufklärung als Prozess innerhalb einer Gruppe	Innerhalb einer größeren Gruppe fällt es den Menschen leichter, mündig zu werden, als allein. Einzelne Menschen befreien sich selbst aus der Unmündigkeit und dienen den anderen als Vorbild. Aufklärung verbreitet sich demnach durch Bildungsprozesse, nicht aber durch Revolution.	Behauptung und Schlussfolgerung
5	Kants Gegenwart als Zeitalter der Aufklärung	Die Menschen befinden sich gegenwärtig in dem Prozess der Aufklärung. Sie haben sich noch nicht vollständig aus der Unmündigkeit befreit, haben aber, vor allem Dank der Herrschaft Friedrichs des Großen, gerade die Chance dazu.	Behauptung und Begründung
6	Friedrich der Große als aufgeklärter Herrscher	Friedrich lässt seine Untertanen ihre Religion frei wählen, worin sich seine eigene Aufgeklärtheit und Toleranz zeigt.	Beweis

4.: *Unmündigkeit:* Weigerung des einzelnen Menschen, sich seines eigenen Verstandes zu bedienen, Vorurteile zu durchschauen und selbstständig zu urteilen: Ursachen dafür sind Gewohnheit, Bequemlichkeit und Angst.

5.: Aufklärung ist laut Kant der selbstbestimmte Gebrauch des eigenen Verstandes, die Fähigkeit, althergebrachte Meinungen zu hinterfragen und die Freiheit des eigenen vernunftgeleiteten Urteils.

6.: Kant richtet sich zunächst an die Leser der Berlinischen Monatsschrift, die dem gebildeten Bürgertum entstammen. Er leistet mit seinen Ausführungen einen Diskussionsbeitrag, auf den eigentlich nur diejenigen adäquat reagieren können, die bereits dabei sind, sich aus der selbstverschuldeten Unmündigkeit zu befreien, die sich also bereits im Prozess der Aufklärung befinden. Er appelliert an die Leser, das eigene Verhalten zu überdenken und fordert sie auf, im Rahmen der gegebenen Ordnung selbstständig zu denken und zu handeln.

7.: Eine Revolution führt Kants Meinung nach zu neuen Unterdrückungsmechanismen, nicht aber zu einer sinnvollen Erneuerung der Gesellschaft. Nur allmählich und innerhalb der bestehenden Ordnung ist eine Verbreitung und Durchsetzung aufklärerischen Gedankenguts möglich – vor allem dann, wenn die herrschende Klasse die bürgerlichen Aufklärer nicht ablehnt und unterdrückt, weil sie sich in ihrem Machtanspruch nicht völlig in Frage gestellt sieht. Ein aufgeklärter Absolutismus, mit einem aufgeklärten Fürsten an der Spitze, ist daher in seinen Augen die Staatsform, die Aufklärung für die breiten Massen zunächst möglich macht. Friedrich den Großen, dessen Untertan er war, erwähnt er lobend als Beispiel eines aufgeklärten Herrschers.

c) Aufklärung wird hier als ein gewalttätiger Akt dargestellt, in dem aus Dummheit Lebensnotwendiges zerstört wird: Ein Affe meint, seine Umgebung durch einen Brand erhellen, „aufklären" zu können, und wird dafür von anderen Affen bewundert, ohne dass einer von ihnen die Konsequenzen, nämlich die Zerstörung ihres Lebensraumes, bedenkt. Aufklärung wird damit in dieser Fabel als ein Prozess vorgestellt – von einem Dummen, der sich über die Auswirkungen seines Tuns keine Gedanken macht, in Gang gesetzt, und von einem dummen Publikum begeistert aufgenommen. Die Absicht des anonymen Autors scheint darin zu liegen, vor einer falsch verstandenen Aufklärung zu warnen, die nicht befreiend und verbessernd wirkt, sondern katastrophale Folgen hat, wenn sie nur so oberflächlich umgesetzt wird. Zöllner wählt deswegen die Fabelform, weil sie ihm mit den Tiergestalten die Möglichkeit bietet, in satirischer Form zu belehren, ohne andere Menschen persönlich zu kritisieren. Er möchte vermutlich anonym bleiben, um offensichtliche Rückschlüsse auf andere Personen nicht zuzulassen – wüssten die Leser mit Sicherheit, wer er ist, könnten sie leicht erkennen, auf wen genau er anspielt.

d) *Inhalt:* I: Um Aberglauben und falsche Vorurteile aus der Welt zu schaffen, ist es notwendig, deren Ursachen und Entstehung aufzudecken. II: Der Verfasser möchte die Entstehung des Aberglaubens an die „weiße Frau" erklären und damit einen aufklärerischen Beitrag leisten. III: Kurze Zusammenfassung der abergläubischen Vorstellung: Das Erscheinen einer unbekannten weiß gekleideten Frau wird als Ankündigung eines nahenden Todesfalles verstanden. IV: Das Erscheinen und Wirken dieser Frau wird angeblich von verschiedenen Fürstenhöfen bestätigt. V: Bei der Frau soll es sich um eine unglückliche böhmische Gräfin handeln, die im 15. Jahrhundert zunächst ihren Ehemann und später ihren Bruder überlebt, so dass sie schließlich als Ankündigerin für männliche Todesfälle gilt. VI: Ein Gewährsmann, ein angesehener Hofprediger, berichtet vom Auftreten der weißen Frau und deutet es als Warnung Gottes. VII: Der Verfasser deutet die Erzählung des Geistlichen aber als Märchen, das früheren, abergläubischen Zeiten entstammt. VIII: Die Entstehung des Märchens ähnelt der Entstehung anderer abergläubischer Vorstellungen, die aus vernünftigen Beobachtungen und Aussagen entstehen, durch verkürzte Wiedergabe jedoch eine unvernünftige Umdeutung erfahren. IX: Der Verfasser stellt sich die Frage, auf welche ursprüngliche Aussage das Märchen zurückzuführen ist. X: Bis Ende des 15. Jahrhunderts war es üblich, dass Fürstinnen weiße Trauerkleidung trugen, weshalb Witwen „weiße Frauen" genannt wurden. XI: Der Verfasser nennt Carpentier als literarischen Beleg für diese Sitte. XII: Der Verfasser gibt die literarische Quelle kurz wieder. XIII: Die Redensart stammt also daher, dass man sich bei unheilbaren Krankheiten des Fürsten die Frau als zukünftige Witwe und somit weiß gekleidet vorstellt. Im Lauf der Zeit gerät dieser Zusammenhang in Vergessenheit – die weiß gekleidete Frau gilt nun als Vorbotin des Todes, nicht als trauernde Witwe. XIV: Damit erklärt sich auch der Aberglaube, dass die weiße Frau einen männlichen Todesfall ankündigt. XV: Der Verfasser geht der weißen Kleidung nach und untersucht deren Schnittform. XVI: Das Gewand der weißen Frau ähnelt dem Gewand einer Nonne, wodurch die verwitweten Fürstinnen die durch den Verlust des Mannes hervorgerufene Abgeschiedenheit von der Welt demonstrieren. XVII: Auch bei dieser Geschichte lässt sich also vermuten, dass ein einfacher, erklärbarer Ursprung im Laufe der Zeit durch Ausschmückung aufgebauscht wurde. XVIII: Auch wenn der Verfasser keine wirklichen Beweise für seine Erklärung der abergläubischen Vorstellung liefern kann, so sieht er doch seine Vorgehensweise als sinnvolle Möglichkeit an, den Aberglauben zu entkräften.

Vorgehen: Der Verfasser will weit verbreitete abergläubische Vorstellung nicht *lächerlich* machen, sondern *erklären,* um sie so bekämpfen zu können. Die der *Vernunft* widersprechende Erscheinung der weißen Frau wird mit *wissenschaftlichen* Methoden vernünftig analysiert: Vor langer Zeit trugen Witwen als Ausdruck ihrer Trauer weiße Kleidung, aus der sinnvollen Bemerkung „Bald wird es hier eine weiße Frau geben", die gemacht wurde, wenn ein Ehemann unheilbar erkrankt und mit seinem Tode zu rechnen war, entstand im Laufe der Zeit durch Hinzudichtung die abergläubische Vorstellung von einer den Tod ankündigenden weißen Frauengestalt. Durch Aufdeckung ihres kulturgeschichtlichen *Ursprungs* gelingt es dem Verfasser, die abergläubische Vorstellung *aufzuklären.*

f) Dieser Text stellt einen Essay dar, der sich kritisch mit dem Programm der Aufklärung beschäftigt. In knappen Thesen erläutern Horkheimer und Adorno, was sie unter Aufklärung verstehen: Aufklärung bedeutet, dass der Mensch sich kraft seines Verstandes ein Wissen über die Erscheinungen der Welt aneignet, dadurch seine Furcht vor den ihn scheinbar leitenden „höheren" Mächten verliert und dank dieses Wissens die Dinge für sich nutzbar macht. Darin liegt allerdings auch die Grenze der Aufklärung: Geht der Mensch nicht verantwortungsvoll mit diesem Wissen um, entsteht Unheil.

Station III: Literarische Formen

a) Fabel: 1.: Der *Löwe* mit dem *Esel:* Als einst der Löwe mit dem grauen *Tier,* das ihm mit großer Stimme seinen Raub zusammenjagte, nach dem Walde ging, rief eine *Krähe* von dem nächsten Baum: „Ein herrlicher Gefährte! Schämst du dich denn nicht, mit einem *Esel* umzugehn?" Der *Löwe* erwiderte: „Den duld ich gern an meiner Seite, wen ich brauchen kann."

So denken *Große,* wenn sie Niedrige der *Ehre* ihres Umgangs würdigen.

2.: Lessing stellt den Egoismus, das eigennützige Handeln des Adels (*Löwe*) bloß, der das gemeine Volk *(Esel)* nur dann beachtet, wenn er aus dessen Fähigkeiten Nutzen ziehen kann. Lessing kritisiert aber nicht nur den Adel, sondern auch das bürgerliche Volk, das sich bereitwillig vom Adel vereinnahmen lässt (*in Gestalt des Esels, der den Löwen beim Jagen unterstützt*), dessen Machenschaften keinen Widerstand leistet und oft auch noch neidisch auf diejenigen blickt, die es geschafft haben, dem Adel dienen zu können (*in Gestalt der Krähe, die sich über Löwe und Esel lustig macht*).

3.: Der einfache Bürger sollte sich nicht zum willfährigen Helfer des Adels machen, weil dieser ihn nur ausnützt.

II. Der Aphorismus: **2.:** Wissen, Vorurteile, Verstand, Selbsteinschätzung, korrupte Herrschaft

3.: Kürze, Prägnanz einfache sprachlich Gestaltung: In nur einem Satz (meist einem Aussagesatz) wird subjektiv zugespitzt zu einem Thema Stellung bezogen, die pointierte Wirkung entsteht vor allem durch den überraschenden Inhalt.

4.: Gebrauch des eigenen Verstandes; Abkehr von alten, willkürlichen Herrschaftsformen usw.

5.: Ein *Aphorismus* ist ein einzelner, kurzer Prosasatz, in dem prägnant und schlagkräftig ein subjektives Werturteil, ein persönlicher Gedanke oder eine Lebensweisheit formuliert ist.

III. Die Satire: **2.**: Der gesamte Text besteht aus drei Teilen, der erste und zweite Teil sind von Nicolai verfasst und in Prosa gehalten (1. Teil: Hintergrundinformation zu Gottsched und zur Verbreitung der Satire Rosts, 2. Teil: Anekdote über Gottsched), der dritte Teil enthält die eigentliche Satire auf Gottsched in gereimter Form, Autor dieses Teils ist Rost.

3.: Gottsched, Johann Christoph (1700–1766): Professor (Rhetorik und Philosophie) in Leipzig, Herausgeber mehrerer Zeitschriften (z. B. „Die vernünftigen Tadlerinnen"), gilt als Reformer der deutschen Sprache und Literatur. Sein Werk „Versuch einer critischen Dichtkunst vor die Deutschen", 1730, stellt die erst philosophisch fundierte deutsche Poetik dar. In dieser schildert er die Nachahmung der Natur als wichtigstes Darstellungsprinzip und beschreibt die Wahrscheinlichkeit der Handlung und das Aufzeigen moralischer Wahrheit als wichtige Qualitätskriterien von Literatur; zu starken Gebrauch der Fantasie lehnt er entschieden ab. Gottsched gilt auch als Erneuerer des deutschen Theaters, der anstelle barocker Possen- und Trauerspiele die Tragödie und Komödie nach dem Modell des französischen Klassizismus fordert. Seine stark rationalistisch geprägte Poetik hatte zunächst großen Einfluss, wird später aber von Lessing und den Vertretern des Sturm und Drang in Frage gestellt.

4.: Gottsched wird als grober Kerl charakterisiert, der zu allem seine Meinung sagt, ohne wirklich Ahnung zu haben. Er erscheint als dummer Mensch, der über alle anderen verletzend spottet, ohne selbst Sinnvolles zustande zu bringen. Amourösen Abenteuern ist er nicht abgeneigt, seine Versuche bleiben jedoch meist erfolglos, was ihn verärgert und in seiner Eitelkeit verletzt.

5.: Nicolai und Rost wenden sich beide an ein gebildetes Publikum, dem die Person Gottscheds und seine Werke bekannt sein müssen. Auch ihre Absichten sind ähnlich: Beide wollen Gottsched verunglimpfen und lächerlich machen. Nicolai äußert sich in der Rolle des vernünftigen Aufklärers und gibt vor, das „drollige Gedicht" Rosts wegen des „heitern satirischen Geistes welcher darin herrscht" zu veröffentlichen, womit er nur der Literaturwissenschaft einen Dienst erweisen will, indem er die Satire wieder zugänglich macht. Seine eigentliche Absicht kann dadurch geschickt verschleiern. Rost dagegen macht in seiner Satire Gottsched offen lächerlich.

6.: Nicolai schreibt in nüchternem, prosaischen Tonfall und gibt sachlich Fakten wieder, satirisch ist bei ihm jedoch die Auswahl der Fakten. So ist z. B. die Anekdote die er berichtet, ist satirischen Inhalts und macht Gottsched lächerlich, der sein Anliegen, den Verfasser der Satire bestrafen zu lassen, nicht durchsetzen kann und dabei auch noch vor einer höher gestellten Person bloßgestellt wird. Rost verfasst ein gereimtes Erzählgedicht von erheblicher Länge, das durch die verschiedenen vorgestellten Handlungsstränge balladenhafte Züge aufweist. Satirische Elemente stellen die genannten Charaktereigenschaften Gottscheds und sein ungehobeltes Verhalten dar, die in krassem Gegensatz zu den in seinem eigenen literarischen und philosophischen Werken geforderten gemäßigten Verhaltensweisen stehen.

b) In allen Texten spiegeln sich gesellschaftliche, politische und kulturelle Verhältnisse (Französische Revolution, aufgeklärter Absolutismus, Zensur, aufgeklärtes Denken, Religionskritik), die Einfluss nehmen auf die Wahl der Textsorte (v. a. Fabel, Satire, Drame) und die behandelten Themen (Abhängigkeit von der herrschenden Klasse, Abrechnung mit denjenigen, die sich als moralische Instanzen begreifen, Erziehung usw.).

c) Die aufklärerische Dichtung versteht sich als rationalistische Dichtung, das die Leser belehren und moralisch erziehen will. Sie wendet sich bewusst gegen den metaphorisch aufgeladenen Überfluss barocker Dichtung und versucht die rhetorischen Prinzipien der Klarheit, Deutlichkeit und Angemessenheit umzusetzen. Prosa und Lyrik gleichen sich damit in ihren Intentionen und Inhalten und in ihrem Sprachstil an, die Unterscheidung wird schwieriger, weil die spezifisch eigene sprachschöpferische Leistung von Lyrik in den Hintergrund gedrängt und ihr deswegen keine allzu große Bedeutung mehr beigemessen wird.

d) Zu Beginn des 18. Jhs. genossen Schauspieler kein hohes Ansehen, das Niveau der Stücke, die auf Wanderbühnen und an Hoftheatern gespielt wurden, war recht niedrig. An Hoftheatern wurden vor allem französische Stücke gespielt (z. B. von Molière) und die Theaterkunst der Comédie Française nachgeahmt, daneben bestimmten italienische Opern den Spielplan. Das Hoftheater unterhielt die adlige Hofgesellschaft, es repräsentierte nach außen, kritische Stücke kamen nicht zur Aufführung. Das Wandertheater wandte sich an die Bürger und das niedrige Volk, gespielt wurde auf Jahrmärkten oder in Wirtshäusern. Da sich die Wandertheatergruppen selbst finanzieren mussten, sahen sie sich gezwungen sich dem Publikumsgeschmack zu unterwerfen – gespielt wurden deshalb v. a. volkstümliche, derbe Stücke.

e) Die Theatersituation gegen Ende des 18. Jhs. hatte sich deutlich gebessert: Erste Nationaltheater in festen Schauspielhäusern, die für alle Stände zugänglich sein sollten, waren gegründet worden, die scharfe Kritik am französischen Schauspiel hatte zur Produktion eigener Stücke in deutscher Sprache geführt, die erzieherische Wirksamkeit des Dramas war erkannt worden und führte zu einer qualitativen Verbesserung der gespielten Stücke.

f) Entscheidend für die Beantwortung ist die Definition von Literatur, die angelegt wird: Ein weiter Literaturbegriff (z. B.: *gesamter Bestand an Schriftstücken jeder Art)* wird alle Texte einbeziehen, ein enges Literaturverständnis (z. B.: „schöne Literatur", Belletristik, nicht zweckgebundenes Schrifttum in besonderer ästhetischer Ausgestaltung) wird Sachtexte nicht als literarische Texte verstehen.

Station IV: Geheime Gesellschaften

a) *Freimaurer:* z. B. Pforte, Weisheitstempel, Verschwiegenheits-Eid, Freundschaft, Geduld, Ausbildung; *Aufklärung:* z. B. Suche nach Wissen und Wahrheit, Rätsel erklären, Licht, Erkenntnis

b) Die Musik ist zunächst fließend, sie steigert sich langsam und wirkt bestimmt, mit Beginn des Gesprächs zwischen Sprecher und Tamino wechselt sie stets zwischen langsam und schnell, sie wirkt entsprechend dem geäußerten Inhalt lauter und impulsiver, Streichinstrumente treten in den Vordergrund. Sie geht ins Staccato über, als Tamino die Befürchtung äußert, Pamina sei bereits verloren und gerät mit Abgang des Sprechers wieder ins Legato, das anwächst und schließlich in den Ausruf der Stimmen „ Pamina lebet noch" mit Betonung von Chor und Bläsern hoffnungsvoll mündet. Das Rezitativ bietet sich an dieser Stelle an, da ihm die handlungstragenden Textpartien der Oper zugeschrieben werden, während in der Arie eher die betrachtenden, kommentierenden Textpartien umgesetzt werden. Hier wird klar die Handlung vorangetrieben, da Tamino in dieser Szene Gewissheit erhält, dass Pamina noch am Leben ist, sich ein weiterer Einsatz also lohnt.

c) Die Freimaurerei trat in Deutschland erstmals 1737 mit Gründung der Loge in Hamburg in Erscheinung. Sie ist eine international verbreitete, aus England stammende

(Geheim-) Bewegung (1717 Gründung der Großloge von London), die ihre Mitglieder zu Toleranz, Humanität und Selbsterkenntnis/-reflexion führen will. Die Mitglieder der Loge treffen sich regelmäßig und lebenslang und leisten dabei die sog. Tempelarbeiten, die der Selbsterkenntnis dienen und das Verantwortungsbewusstsein gegenüber der Gesellschaft steigern sollen.

Organisation: Die Freimaurerei ist über Jahrhunderte hinweg ein reiner Männerbund, die Mitglieder organisieren sich in sog. Logen, die sich innerhalb eines Landes wiederum zu verschiedenen Großlogen zusammenschließen. Die Mitglieder einer Loge, die sich je nach Zugehörigkeitsdauer und verrichteter Tempelarbeit Lehrlinge, Gesellen oder Meister nennen dürfen, wählen in freier Wahl ihren Vorsitzenden (den sog. Meister vom Stuhl/Logenmeister), die Logenmeister wählen den Großmeister zur Führung der Großloge. Jeder Freimaurer gehört ein Leben lang seiner Loge an.

Freimaurerlogen bedienen sich geheimer Symbole, um sich einerseits von anderen Gruppen abzugrenzen und andererseits andere Freimaurer zu erkennen, sie tragen bei der Tempelarbeit meist Schutz und Handschuhe, um an ihre Ursprünge (das Bauhandwerk) zu erinnern, dessen Brauchtum sie vielfach übernommen haben (– so wie die Baumeister durch ihre Arbeit Häuser bauten, so arbeiten die Freimaurer an sich selbst und „bauen" dadurch an einer verbesserten Menschheit). Das Festhalten an bestimmten Riten, die Nicht-Mitgliedern gegenüber nicht preisgegeben werden dürfen, soll dem einzelnen Mitglied helfen, an sich zu arbeiten, gleichzeitig bieten sie die Möglichkeit, die Loge von anderen Gruppierungen abzugrenzen. Der besondere Aufnahmeritus verschafft dem eintretenden Mitglied zudem eine quasi-religiöse Erfahrung.

d) Die Herausgeber äußern sich recht zurückhaltend und nehmen keine eindeutige Wertung vor. Das geheime Wirken der Logen scheint ihrer aufklärerischen Absicht zu widersprechen, der Brief des anonymen Verfassers deutet dagegen an, dass sie den Freimaurern positiv gegenüberstehen.

e) Die bis zu 24 Mitglieder der seit 1783 bestehenden Mittwochsgesellschaft treffen sich ein- bis zweimal monatlich in der Privatwohnung eines der Mitglieder, um philosophische, pädagogische, juristische oder literarische Themen zu diskutieren. Ihr Ziel ist „praktizierte Aufklärung": Das Mitglied, bei dem das Treffen stattfindet, hält einen Vortrag, dann tauschen die Mitglieder ihre Meinungen darüber aus, anschließend zirkuliert die schriftliche Fassung des Vortrags unter den Mitgliedern, die dadurch die Möglichkeit haben, das behandelte Thema zu durchdenken und schriftlich dazu Stellung zu nehmen, um so zu einer fundierten vernünftigen Meinung zu gelangen. Die Mitglieder achten auf strikte Geheimhaltung, der Inhalt der Diskussionen und der schriftlichen Stellungnahmen wird Außenstehenden nicht berichtet – man könnte sie daher durchaus als Geheimgesellschaft bezeichnen.

g) *In Kurzform:* Prinz Tamino erhält den Auftrag Pamina, die Tochter der Königin der Nacht, zu befreien, die der angebliche Tyrann Sarastro, der das Erbe des Sonnenkönigs verwaltet, entführt hat. Er bekommt ein Bildnis Paminas, damit er weiß, nach wem er suchen muss, und verliebt sich sofort in sie. Im Verlauf seiner Suche gelangt er in Sarastros Tempel und erkennt dort, dass dieser kein Tyrann sein kann. Er stellt sich drei Prüfungen und erhält nach deren Bestehen Pamina zur Frau.

h) Lichtsymbolik, Rituale, Streben nach Erkenntnis usw.; die Filmmusik unterstreicht den sich verändernden Gefühlszustand des jungen Helden, gleiches gilt für die verschiedenen eingesetzten Kameraperspektiven und die Lichtgestaltung.

Station V: Erziehung

a) *Vorbemerkung/Rahmen* – Anbieten seines Essays; Beginn des eigentlichen Gedankengangs: Wie kann allgemeine Aufklärung erreicht werden? *Beschreibung des gegenwärtigen Zustands: Behauptung 1 und Beleg:* Normaler Schulunterricht erreicht Ziele der Aufklärung nicht, da Schulen schlecht ausgestattet sind, die Jugendlichen die Schule zu früh verlassen müssen und während ihrer Schulzeit zu jung sind, um überhaupt aufklärbar zu sein. *Behauptung 2 und Beleg:* Erziehung liegt in den Händen der Eltern, die jedoch selbst oft nicht aufgeklärt sind und deshalb ihre Kinder auch nicht aufklären können. *Behauptung 3 und Beleg:* Obrigkeit versperrt sich der Aufklärung ihrer Untertanen, weil sie sie als schädlich und gefährlich ansieht. *Mögliche Veränderungsansätze: Behauptung und Erläuterung:* Verstand und Charakter der Erwachsenen können durch Belehrung, künstlerische Darstellungen und eigenes Beispiel der Obrigkeit aufgeklärt werden. Am Beispiel der Belehrung wird aufgezeigt, wie Aufklärung erreicht werden kann: Durch öffentliche Vorträge über Themen jeglicher Art – die christliche Religion mit ihren Predigten beweist ja, dass dies das Denken der Menschen nachhaltig verändern kann. *Entkräftung eines möglichen Gegenarguments:* Der Staat müsste keine zusätzlichen Lehrer bezahlen, denn er könnte seine bereits vorhandenen Staatsdiener verpflichten, wöchentlich einen Vortrag zu halten, er müsste auch nicht alle seine Untertanen zwingen, sich die Vorträge anzuhören, wenn er sie an einem Sonntag, also in deren Freizeit, halten würde, weil die Menschen dann in einem Vortrag einen sinnvollen Zeitvertreib sehen würden. *Behauptung und Beispiel als Beleg:* Interessierte Menschen regt ein solcher Vortrag an, sich auf eigene Kosten in dem vorgestellten Gebiet intensiver unterrichten zu lassen, wie das Beispiel Berlin zeigt, wo bereits viele Erwachsene verschiedenste Vorträge besuchen. Dies könnte auch in provinzielleren Gegenden geschehen. *Zusammenfassende Behauptung, Ausblick:* Gründlichere Kenntnisse in verschiedenen Gebieten bereichern die Kommunikation und könnten so die schädlichen Einflüsse von Klatsch und Tratsch, geselligem Kartenspiel und ähnlichem, dem sich die Menschen sonst in ihrer Freizeit hingeben, eindämmen und damit Aufklärung befördern.

Stuve möchte an dem sehr praktischen Vorschlag öffentlicher Vorträge aufzeigen, wie die Menschen durch einfache, praktikable Maßnahmen aufgeklärt werden können, die keinen großen organisatorischen Aufwand bedeuten und dem Staat keine zusätzlichen Kosten verursachen. Er verfolgt das Ziel, durch eine stringente, logisch aufgebaute und überzeugende Argumentation zu beweisen, wie Aufklärung in der Praxis aussehen könnte. Er bedient sich dabei einer nüchternen Sprache, die jedoch rhetorisch zu überzeugen sucht, indem sie den Leser direkt anspricht und ihm rhetorische Fragen stellt, die ihn automatisch in die Denkrichtung des Verfassers zieht und zur Zustimmung auffordert.

b) Campe verarbeitet Daniel Defoes Roman „ Robinson Crusoe", den er in pädagogischer Absicht für ein junges Publikum aufbereitet. Defoe zeigt am Beispiel von Robinson, dass der zivilisierte Bürger in jeder Situation in der Lage ist, sich aus eigener Anstrengung sowohl die Natur als auch den unzivilisierten Menschen untertan zu machen. Am Beispiel Robinsons will Campe den Kindern und Jugendlichen aufzeigen, dass Tugenden, wie z. B. Fleiß, Geduld und Selbstdisziplin, und individuelle Bildungsanstrengungen, wie z. B. der Bereitschaft, aus Beobachtung, Experiment, und Erfahrung zu lernen, lohnend sind.

Auffallend ist die dialogische Gestaltung des Textes: Der eigentliche, in literarisch ausgestalteter Sprache gehaltene Romantext wird von einem Gespräch zwischen einem Vater und seinen Kindern unterbrochen, das mit etlichen Ausrufen und Ellipsen umgangssprachliche Züge aufweist. In diesem wird der Inhalt des Romantexts kurz zusammengefasst, kommentiert und reflektiert. Der Vater versucht dabei durch stetes, kleinschrittiges Nachfragen seine Kinder zu selbsttätiger Erkenntnis anzuleiten: Durch gemeinsames Abwägen sollen sie selbst herausfinden, was der Erwachsene bereits weiß und als richtig erkannt hat. Die Schlussworte des Vaters zeigen deutlich die didaktische Absicht Campes auf, da sie die neu gewonnenen moralischen Erkenntnisse der Kinder noch einmal prägnant zusammenfasst.

c) Stuve erwartet eine aufgeklärte Gesellschaft von nützlichen, glücklichen und einsichtigen Menschen, die ein breit gefächertes Allgemeinwissen besitzen. Erziehung soll die erwachsenen Menschen zu nützlichen und vernünftigen Mitgliedern der Gesellschaft machen. Campe verfolgt dieselben Ziele, allerdings will er die Kinder und Jugendlichen erziehen, weil er die Erwachsenen als bereits aufgeklärt versteht, wie das Beispiel des Vaters zeigt.

d) In beiden Texten ist die Kindheit und Jugend als eigenständiger Lebensabschnitt zu erkennen, der die Bedeutung hat, intvensiv auf das spätere Berufsleben vorbereitet zu werden. Kinder und Jugendliche müssen von Erwachsenen erzogen werden, d. h. ihnen sollen die bürgerlichen Tugenden vermittelt werden, die zur Führung eines vernünftigen, die Gesellschaft stützenden Lebens notwendig sind. In der Familie herrscht damit ein pädagogisches Verhältnis zwischen Eltern und Kindern. Im Gegensatz zum Text Campes ist in Stuves kurzem Essay auch Kritik an der gegenwärtigen Gesellschaft zu erkennen, die die herrschende Oberschicht und ihre Untertanen gleichermaßen einschließt: Seiner Meinung nach ist keine der gesellschaftlichen Gruppe bisher ausreichend aufgeklärt, so dass sich die Menschen noch nicht immer vernünftig verhalten; noch immer hält die herrschende Klasse die unteren Schichten im Zustand der Unmündigkeit.

e) *im 18. Jh.:* bürgerliche Tugenden, Aneignung/Bezwingung der Natur, Selbstdisziplin, selbsttätiges Erkennen, vernunftgeleitetes Handeln
heute: vernünftiges, reflektiertes Handeln, Wertebewusstsein; anders als im 18. Jh. soll heute jedoch zu einem verantwortungsvollen Umgang mit der Natur erzogen werden, darüber hinaus findet sich heute das Bildungsziel des Demokratiebewusstseins.

g) Friedrich Gedike (1754–1803), ein studierter Theologe, arbeitet als Hauslehrer, wird später Schuldirektor und ist einer der führenden Organisatoren und Reformatoren des preußischen Schulwesens. Johann Erich Biester (1749–1816), ein Jurist, ist zunächst als Privatsekretär des preußischen Kulturministers tätig und arbeitet später als Bibliothekar in der königlichen Bibliothek in Berlin. Beide beschäftigen sich also beruflich intensiv mit Erziehungsfragen.

Station VI: Religion

a) Die Beiträge der Berlinischen Monatsschrift beschäftigen sich auch mit religiösen Fragen. So werden z. B. Fragen der Einflussnahme der Kirchen auf öffentliches Leben diskutiert, der Umgang anderer Staaten mit Glaubensfragen untersucht und christliche und atheistische Vorstellungen miteinander verglichen.

b) *In Kurzform:* Im Jerusalem zur Zeit der Kreuzzüge treffen in diesem Ideendrama Vertreter des jüdischen, christlichen und mohammedanischen Glaubens aufeinander. Im Mittelpunkt der Handlung steht Nathan, ein wohlhabender jüdischer Kaufmann, dessen Frau und Söhne religiösem Fanatismus zum Opfer gefallen sind. Nathan adoptiert ein christliches Mädchen und erzieht es nach seinen toleranten und humanen Grundsätzen. Als er sich auf einer Geschäftsreise befindet, gerät sein Haus in Brand, seine Adoptivtochter wird von einem Kreuzritter gerettet, der sich in das Mädchen verliebt und dadurch in einen Konflikt zwischen seiner Liebe und seinen religiösen Überzeugungen gerät. Gleichzeitig sucht ein verschuldeter islamischer Sultan Nathans Unterstützung in Finanzfragen, er schätzt Nathan aber auch wegen seiner Weisheit und diskutiert deshalb mit ihm über die wahre Religion. Nathan kann durch Ringparabel die Anhänger der verschiedenen Religionen überzeugen, dass der Wert einer Offenbarungsreligion sich allein in der moralisch-sittlichen Bewährung ihrer Anhänger beweisen kann.

c) Vierteiliger Aufbau mit deutlicher Trennung von Bild- und Sachteil (erzählte Handlung und deren Deutung); V. 1–19: Vorgeschichte, Bedeutung des Rings; V. 20–55: Geschichte der drei Ringe; V. 56–89: Nathans Deutung der Geschichte; V. 90–166: Richterspruch über die drei Ringe; erzählte Handlung in Aussagesätzen, Deutung in Fragen, die den Zuhörer zum Nachdenken anregen und ihn so überzeugen; gelegentliche Einwürfe Saladins in Form von knappen Befehlen, Fragen und Ausrufen deuten sein langsam wachsendes Verstehen an.

e) Ein Vater hinterlässt seinen drei Söhnen drei völlig gleich aussehende Ringe, weil er keinen von ihnen bevorzugen will und alle gleichermaßen liebt. Unter den Söhnen entbrennt ein Streit um die Frage, wer den ursprünglichen Ring besitze, die sie von einem Richter klären lassen wollen. Dieser rät ihnen jedoch, sich so zu verhalten, als ob der jeweils eigene Ring der echte sei – die Frage nach dem ursprünglichen Ring erübrige sich damit.

Übertragen auf die drei konkurrierenden Religionen bedeutet das: 1. Jede Religion entspringt dem gleichen Ursprung, unterscheidet sich nicht wahrnehmbar von den anderen und besitzt denselben Wert wie die anderen. 2. Eine Religion kann nur in der Praxis den Wert ihres Glaubens beweisen, ein abstrakter Wahrheitsanspruch, der auf Intoleranz den anderen Religionen gegenüber beruht, ist abzulehnen. 3. Jeder Gläubige sollte demnach versuchen, sich so zu verhalten, als ob seine Religion die wahre sei, indem er stets gut handelt. 4. Religiösem Fanatismus kann auf diese Weise Einhalt geboten und praktizierte Toleranz gefördert werden.
→ Lessing wendet sich gegen religösen Fanatismus und Dogmatismus und ruft zu Toleranz auf.

f) Lessing gibt während seiner Tätigkeit als herzoglicher Bibliothekar in Wolfenbüttel die religionskritischen Abhandlungen von H. S. Reimarus heraus. Darüber entbrennt mit dem Hamburger Hauptpastor J. M. Goeze ein erbitterter Streit, der sich vehement gegen die Veröffentlichung der in seinen Augen schädlichen, die christliche Religion verunglimpfenden Schriften wendet. Im Verlauf des Streits hebt der Herzog von Braunschweig die Lessing bisher zugestandene Zensurfreiheit auf und verbietet ihm schießlich, überhaupt etwas zum Streit mit Goeze ohne Erlaubnis der Regierung zu veröffentlichen. Lessings Ringparabel ist damit auch als deutliche Botschaft an Goeze und den Herzog zu verstehen: Lessing, der sich weder durch Intoleranz noch durch Zensur zum Schweigen bringen lässt, fordert sie zu gelassener Toleranz auf, die die Meinung anderer akzeptiert.

g) Er zeigt damit die Quelle auf, derer sich Lessing bedient, leistet damit also einen „aufklärerischen" Beitrag. Gleichzeitig kann er damit die Bedeutung von Lessings Ringparabel steigern, fordert er doch den Leser auf, die beiden Geschichten zu vergleichen, Lessings Änderungen zu erkennen und dadurch seine Intention noch besser zu verstehen.

h) Lessing übernimmt die Rahmenhandlung und den Handlungsstrang der von dem jüdischen Kaufmann erzählten Geschichte, verändert aber v.a. die Bedeutung des Ringes. Er stattet ihn mit einer geheimen Kraft aus, die wirksam wird, wenn der Träger des Ringes an sie glaubt. Bei ihm sind, anders als bei Boccaccio, wo die Unterscheidung zwar schwierig, aber doch möglich ist, zudem die nachgemachten Ringe nicht mehr vom echten zu unterscheiden. Im Gegensatz zu Boccaccio, an dessen Geschichte sich ein gefährlicher, zerstörerisch wirkender Bruderzwist anschließen könnte, um den wahren Ring zu finden, lässt sich bei Lessing keiner der Söhne als Besitzer des ursprünglichen Ringes ausmachen – das wahre Erbe offenbart sich nur im Bemühen um würdiges Verhalten. Da alle drei Söhne gleichermaßen danach streben sollten, können in der Folge auch alle drei Ringe als echt angesehen werden – Toleranz ist damit die Schlussfolgerung aus seiner Parabel.

Station VII. Zeitschriften in der Aufklärung

a) Nur ein Viertel der deutschen Gesamtbevölkerung von damals 25 Millionen ist alphabetisiert, die Zahl derjenigen, die Zugang zu Literatur haben, ist noch weitaus geringer und wird auf ungefähr 1 % der Bevölkerung geschätzt. Die wichtigsten der ca. 2 200 Zeitschriften, die bis 1790 in Deutschland veröffentlicht und gelesen werden, sind die sog. moralischen Wochenschriften, die das Gedankengut der Aufklärung popularisieren, dabei jedoch, ebenso wie die meisten literarischen Bücher, nur eine geringe Auflagenhöhe von meist nicht mehr als 2 000 Exemplaren erreichen, während große Verbreitung und hohe Auflagenzahlen im 18. Jahrhundert nur populär geschriebene Ratgeber für die Bevölkerung erzielen.

b) Zeitschriftentitel wie „Der Biedermann" oder „Die vernünftigen Tadlerinnen" deuten darauf hin, dass sie sich an eine wohlhabende bürgerliche Zielgruppe richten, die aufgeklärt und gebildet werden soll. V.a. die moralischen Wochenschriften zielen darauf ab, durch räsonierende, informierende Texte aufklärerisches Gedankengut zu verbreiten: Sie enthalten knappe populärwissenschaftliche Abhandlungen, moralphilosophische Erörterungen und Untersuchungen und literarische Texte, sie wollen so die Aufnahmebereitschaft des Publikums für neue Inhalte und Formen wecken und breite Leserschichten erschließen.

c) Das 18. Jh. ist geprägt vom technischen Fortschritt, der sich beispielsweise in der Konstruktion industrieller Anlagen zeigt, die erstmals die Massenproduktion von Gebrauchsgütern ermöglichen und damit auch die Massenproduktion von Schriftwerken. Gleichzeitig finden bedeutende gesellschaftliche Veränderungen statt, wie beispielsweise die Einführung einer allgemeinen Schulpflicht in den 90er-Jahren des Jahrhunderts, die ebenfalls Auswirkungen auf den Zeitschriftenmarkt haben, weil die Zahl derjenigen, die lesen können, stetig wächst und dadurch auch die Nachfrage nach geeignetem Lektürestoff steigt.

d) Die Vorrede ist relativ kurz gefasst und leicht verständlich geschrieben. Die Herausgeber rechtfertigen zunächst die Veröffentlichung einer weiteren Zeitschrift recht weitschweifig, aber stilistisch und rhetorisch ausgefeilt (Abschnitt 1: Antithesen, steigernde Reihungen, Untertreibung), fordern dann die Leser zur Mitarbeit auf, damit die vielfältigen Themengebiete, über die sie informieren wollen, abgedeckt werden können (Abschnitt 2: detaillierte Auflistung der Gebiete, sachlich erklärt durch erhellende Nebensätze und adverbiale Erweiterungen; direkte Anrede der noch unbekannten Leser), und machen schließlich auf den Umfang und den ohne Aufpreis zusätzlichen Service der Bebilderung mancher Ausgaben der „Monatsschrift", deren Aufmachung sich dadurch von anderen Zeitschriften unterscheidet, aufmerksam, um ihre Schrift potenziellen Käufern zu empfehlen (Abschnitt 3: kurze Aussagesätze, nur das Angebot der Bebilderung durch ein längeres Satzgefüge mit Einschub in Klammern hervorgehoben).

Gedike und Biester wollen Volksaufklärung in allen nur erdenklichen Bereichen, wie z.B. Wissenschaft, Volkskunde, Anthropologie, Literatur, Philosophie für eine an der Aufklärung interessierte und deren Wert ebenso hoch einschätzende Leserschaft betreiben, da sie selbst von den Zielen der Aufklärung überzeugt sind und es als lohnenswert erachten, durch Begriffsklärung und Informationsvermittlung Anstoß zu Teilnahme an breiter Diskussion zu geben, in deren Verlauf Wahrheit vermittelt und Vorurteile abgebaut werden. Durch die Kombination von Belehrung und Unterhaltung sollen die Leser zu mündigen, selbst denkenden Menschen erzogen werden.

e) Je nach gewähltem Inhaltsverzeichnis sollte das Schaubild verdeutlichen, dass sich die zahlreichen Autoren der „Berlinischen Monatsschrift" mit vielen unterschiedlichen Themengebieten beschäftigen und die Zeitschrift zumindest dem äußeren Anschein nach ihrem eigenen Anspruch gerecht wird, vielseitig Aufklärung zu betreiben – es gibt kaum ein Thema, das nicht berührt wird. Sehr häufig finden sich sachliche, expositorische, berichtende Texte und diskutierende, argumentative Texte, die Zahl der literarischen Texte ist dagegen geringer.

f) Die „Berlinische Monatsschrift" wird ihrem eigenen Anspruch, Diskussionsorgan zu sein, tatsächlich gerecht, denn es wird zu verschiedensten Themen kontrovers Stellung bezogen.

h) Friedrich Gedike (1754–1803), Sohn eines armen lutherischen Landpredigers in Boberow in der Prignitz, wächst seit dem 12. Lebensjahr, nach dem Tod des Vaters, im Waisenhaus auf, studiert später Theologie, arbeitet als Hauslehrer und ist schließlich in Berlin als Schuldirektor tätig – eine Position, in der er zu einem der führenden Organisatoren und Reformatoren des preußischen Schulwesens werden kann. Johann Erich Biester (1749–1816), Sohn eines wohlhabenden Lübecker Kaufmanns, studiert Jura und arbeitet zunächst als Privatsekretär beim damaligen preußischen Kultusminister, bevor er zum Bibliothekar in Berlin berufen wird.

Die Herausgeber wachsen zwar in unterschiedlichen familiären und gesellschaftlichen Verhältnissen auf, gehören aber beide der bürgerlichen Schicht an und schaffen einen gewissen gesellschaftlichen Aufstieg, der es ihnen erlaubt, in ihren Gebieten mehr oder weniger offen die Postulate der Aufklärung zu vertreten. Ihre Lebenläufe sind typisch für die Epoche, die ja vom Aufstieg des Bürgertums geprägt ist, das sowohl im Politischen, als auch im Pädagogischen, Philosophischen und Literarischen an Einfluss gewinnt und aktiv die Ziele der Aufklärung zu verbreiten sucht.

Station VIII: Tugenden

b) Franklin misst der Arbeit, dem Studieren und dem Ordnen (Rechnungen, Unterlagen) einen verhältnismäßig großen Wert bei, nur maximal drei Stunden des Tages verbringt er mit Freizeit. Sechs bis sieben Stunden erlaubt er sich für Schlaf.

c) Biester und Franklin definieren Tugend gleichermaßen als Mäßigkeit, Sparsamkeit, Ordnung, Geschicklichkeit, Redlichkeit, Klugheit, moralische Vollkommenheit, bescheidenes und gefälliges Verhalten, Herzensgüte, Sittlichkeit. Sie fordern den Leser auf, danach zu streben, sich diese Eigenschaften anzueignen, und zwar durch stetige Übung, Nachdenklichkeit, Aufmerksamkeit, Sorgfalt und tägliche Anstrengung. Es genügt nicht, rein mechanisch seine Pflichten zu erfüllen, tägliche Übung und Reflexion lassen die zunächst mechanisch ausgeführten Tugenden zu einem bewussten Charakterzug werden.

d) Bejamin Franklin (geb. 1706 in Boston, gest. 1790 in Philadelphia), amerikanischer Politiker und Naturwissenschaftler. Franklin gab in Philadelphia eine Zeitschift, die „Pennsylvania Gazette" heraus, und war lange Zeit Mitglied des Parlaments von Pennsylvania. Er setzte sich vehement für die Bildung einer Union der nordamerikanischen Kolonien ein und gehörte zu den Unterzeichnern der Unabhängigkeitserklärung und der Verfassung der USA. Als Naturwissenschaftler wurde er durch seine Untersuchungen zur Elektrizität bekannt, die zur Konstruktion der Blitzableiter führten.

Biester kann damit rechnen, dass seine gebildete Leserschaft mit Leben, Werk und Wirkung von Franklin, seiner großen Bedeutung als Politiker (Mitunterzeichner der amerik. Unabhängigkeitserklärung) und Naturwissenschaftler (Experimente zur Elektrizität) vertraut ist. Franklins Beispiel zeigt, dass tugendhaftes Verhalten zu großartigen Leistungen führt. Der abgedruckte Aufsatz von Franklin führt den Lesern vor Augen, dass sie sich selbst tugendhaftes Verhalten anerziehen können. Biester wählt Franklin, um an dessen Beispiel praktische Handlungsanweisungen zu geben, die jeder aufgeklärte Mensch in seinem Leben sofort umsetzen kann, er veröffentlicht es in der Berlinischen Monatsschrift, weil er in ihr das geeignete Organ sieht, praktische Aufklärung zu betreiben.

e) Das Bürgertum des 18. Jhs. definierte sich in Abgrenzung zu den anderen Ständen, besonders in Abgrenzung zu dem seiner Meinung nach korrupten und verderbten Adel. Es unterwarf sich daher bestimmten Verhaltensregeln, um so die eigene moralische Überlegenheit nach außen zu dokumentieren. Gleichzeitig spiegeln die praktischen Verhaltensregeln den Wunsch des Bürgertums nach klaren, allgemein gültigen Richtlinien, die ihnen vorgaben, was allgemein unter vernünftigem (und damit aufgeklärtem) Lebenswandel verstanden werden sollte, da die Gesellschaft des 18. Jhs. starken Wandlungen unterworfen war und neuer Verhaltensregeln bedurfte, die überholte, nicht mehr zeitgemäße Vorstellungen ablösen konnten.

g) „Anleitung" und „praktische Übung" zeigen deutlich, dass Franklin den Menschen für erziehungsbedürftig und erziehbar hält – der Mensch ist also nicht von Natur aus vollkommen, sondern muss durch Unterricht und Lehre erst dazu gebracht werden, was aber nur gelingt, wenn es der Mensch auf sich nimmt, sich über einen längeren Zeitraum hinweg anzustrengen. Franklin zeichnet damit ein Menschenbild, das mit dem der Aufklärer übereinstimmt.

h) Im historischen Kontext gesehen ist der Text ernst gemeint – es finden sich weder satirische Elemente noch Kommentare, die den Inhalt in Frage stellen. Auf heutige Leser könnten manche Äußerungen jedoch übertrieben und dadurch (unfreiwillig) satirisch wirken.

Station IX: Naturwissenschaft und Technik

a) Bahnbrechende Entdeckungen wurden v. a. in den Gebieten der Physik und der Mathematik gemacht, aber auch der Geographie, Biologie und Astronomie, die Auswirkungen auf die Prozesse der Güterproduktion, die Mobilität des Menschen und seine Lebensart hatten und das Menschenbild nachhaltig veränderten.

b) Flörke beschreibt ein Phänomen aus dem Bereich der (atmosphärischen) Optik, ähnlich der Fata Morgana. Hierbei handelt es sich um eine Luftspiegelung: Über einer erwärmten Mauer ist die Luft wärmer und damit weniger dicht als in der Höhe, so dass Lichtstrahlen hier quasi reflektiert werden können und so dem Auge des Betrachters ein Spiegelbild eines Gegenstandes vorgetäuscht werden kann.

c) Die Intention des Autors ist es, eine physikalische Erscheinung durch Beobachtung, und Datensammlung zu erklären und einem (Laien-)Publikum verständlich zu machen. Gleichzeitig regt er Fachwissenschaftler an, die von ihm beobachtete Erscheinung auch nach wissenschaftlichen korrekten Methoden zu untersuchen, um die Erscheinung vollends aufzuklären.

Flörke ahmt in seinem Beitrag wissenschaftliches Vorgehen nach und ordnet ihn entsprechend der Vorgehensweise bei der empirischen Durchführung von Experimenten an: Er fasst die Fachdiskussion zusammen, zieht Schlussfolgerungen aus dieser, stellt davon ausgehend eine eigene These auf, deren Gültigkeit er schließlich durch Beobachtung (quasi „Versuche") verifiziert:
Abschnitt 1: Hinführung zur eigenen Beobachtung durch Verweis auf anerkannte Fachwissenschaftler und den gegenwärtigen Stand der Forschungsdiskussion zur Strahlenbrechung auf erwärmten Ebenen – Flörke hebt damit die Bedeutung der eigenen Beobachtung hervor und verschafft ihr wissenschaftliche Absicherung; *Abschnitt 2:* Erweiterung/Voranbringen der wissenschaftlichen Diskussion: Berliner Stadtmauer als ein sinnvoller Beobachtungsort – Flörke denkt quasi die wissenschaftlichen Ausführungen anderer weiter; *Abschnitt 3:* Beschreibung des beobachteten Phänomens (optische Abbildung von Gebäuden auf der Stadtmauer) – Beobachtung als Beweis seiner vorher genannten Aufnahme; *Abschnitt 4:* physikalische Erklärung des beobachteten Phänomens – Flörke interpretiert die Einzelheiten, die er beobachtet hat; *Abschnitt 5:* Wiederholung der Beobachtung bei veränderter Wetterlage – Flörke beweist die Stimmigkeit seiner Beobachtung durch Wiederholung des Beobachtungs-„versuchs"; *Abschnitt 6:* Flörke rundet seinen Gedankengang durch einen Ausblick ab – bessere Instrumente könnten die Richtigkeit seiner Beobachtung und Erklärung auch messbar beweisen.

f) Alexander Frhr. von Humboldt (1769–1859), Naturforscher und Geograph; bereiste zu Studienzwecken Westeuropa und Lateinamerika, nimmt dabei Höhen- und Temperaturmessungen vor, sammelt botanisches und geologisches Material und beschäftigt sich mit Sprache und Kultur der Ureinwohner. Seine wissenschaftlichen Berichte über seine Beobachtungen und Entdeckungen galten als herausragende Beiträge zu fast allen Naturwissenschaften der damaligen Zeit.

Humboldt gilt seinen Zeitgenossen als beispielhafter Naturforscher und -wissenschaftler, die Berlinische Monatsschrift muss sich daher fast zwangsläufig mit seiner Person und seinem Wirken beschäftigen, da es ja erklärter Anspruch der Herausgeber ist, auch über wichtige Ergebnisse und Erkenntnisse aus dem Bereich der Wissenschaft zu informieren.

Kopiervorlagen und Materialien für Ihren Unterricht

Deutschunterricht am Gymnasium

Norbert Berger

Literatur unterrichten

Tafelbilder und Arbeitsblätter Sekundarstufe/Gymnasium

Band 1

96 S., DIN A4, kart. Best.-Nr. **2073**

Band 2

112 S., DIN A4, kart. Best.-Nr. **3217**

Schüler für den Literaturunterricht begeistern? Na klar! Norbert Berger zeigt Ihnen, wie Sie sprachliche und inhaltliche Zusammenhänge deutlich und schülergerecht darstellen. Tafelbilder, Kopiervorlagen, Textbeispiele und geeignetes Bildmaterial helfen Ihnen dabei.

Norbert Berger

Deutsch unterrichten

Tafelbilder und Arbeitsblätter zum Grammatik-, Sprach- und Aufsatzunterricht

104 S., DIN A4, kart. Best.-Nr. **3014**

Gut strukturierte Tafelbilder, Arbeitsblätter und Folienvorlagen zu Grammatik, Rechtschreibung, Wortschatz, mündlichem und schriftlichem Sprachgebrauch und zur Aufsatzlehre.

Norbert Berger

Schreiben nach literarischen Vorlagen

Produktiver Literaturunterricht in der Sekundarstufe

Mit Kopiervorlagen

112 S., DIN A4, kart. Best.-Nr. **2459**

Eigenständige Texte in Anlehnung an literarische Vorlagen verfassen: Über eine sorgfältige Analyse von Form und Struktur der jeweiligen Textgattung werden die Schüler/-innen zu fantasievoller Rezeption und kreativer Eigenproduktion geführt. Der Band bietet für jede Textgattung ein didaktisches Konzept, geeignete Texte, Tafelbilder, Bildmaterial und Kopiervorlagen.

Auer BESTELLCOUPON Auer

Ja, bitte senden Sie mir/uns

Norbert Berger
Literatur unterrichten
___ Expl. **Band 1** Best.-Nr. **2073**
___ Expl. **Band 2** Best.-Nr. **3217**

___ Expl. Norbert Berger
Deutsch unterrichten Best.-Nr. **3014**

___ Expl. Norbert Berger
Schreiben nach literarischen Vorlagen Best.-Nr. **2459**

mit Rechnung zu.

Rund um die Uhr bequem bestellen unter:
Telefon: 0180/5343617
Fax: 0906/73178
E-Mail: info@auer-verlag.de

Bitte kopieren und einsenden an:

Auer Versandbuchhandlung
Postfach 1152
86601 Donauwörth

Meine Anschrift lautet:

Name/Vorname

Straße

PLZ/Ort

Datum/Unterschrift

E-Mail